蕉窗傳燈錄

紫微楊 著

www.cosmosbooks.com.hk

書　　名　蕉窗傳燈錄
作　　者　紫微楊
責任編輯　郭坤輝
美術編輯　楊曉林
出　　版　天地圖書有限公司
香港皇后大道東109-115號
智群商業中心15字樓（總寫字樓）
電話：2528 3671 傳真：2865 2609
香港灣仔莊士敦道30號地庫／1樓（門市部）
電話：2865 0708 傳真：2861 1541
印　　刷　美雅印刷製本有限公司
香港九龍觀塘榮業街 6 號海濱工業大廈4字樓A室
電話：2342 0109　傳真：2790 3614
發　　行　香港聯合書刊物流有限公司
香港新界大埔汀麗路36號中華商務印刷大廈3字樓
電話：2150 2100 傳真：2407 3062
出版日期　2020年1月／初版・香港

ISBN ：978-988-8548-43-9

心古不投塵世好　道高方信布衣尊

紫微楊近照，其身旁之對聯為已故國學大師饒宗頤教授所書贈紫微楊者。

作者簡介

楊君澤先生，人稱「紫微楊」，精通多門中國術數，對「紫微斗數」及風水學均別具心得，「紫微楊」之名早已不脛而走。在香港喜研術數者，幾乎無人不識。

楊君本身為一名報人，曾任本港多間報社編輯（包括《明報》編輯主任），以研究術數為業餘興趣。他退休經已三十年，年近九十耄耋之年，仍閉門沉醉於研究術數為樂事。

紫微楊共有九部著作，其早期的八本已合而成為「紫微楊‧術數系列」，極為暢銷。現再在晚年重新修訂他的九本著作，將合而成為新的「紫微楊‧術數系列」，由天地圖書重新出版，堪稱難得之作。

自序

《蕉窗傳燈錄》是我繼《紫微徑》、《紫微閒話》、《術數述異》、《清室氣數錄》、《天網搜奇錄》、《紫微新語》後的第七部著作。

除了《紫微閒話》與《紫微新語》風格近似之外，其他四本著作，均用不同的角度來介紹術數，而且均盡量挾帶一些頗具徵驗性的資料在內。

這部《蕉窗傳燈錄》，集多個近似聊齋的故事而成，比以前的著作在題材上較為側重在玄空學（風水）方面，對喜歡鑽研玄空學的讀者會有一定的幫助。

此書同樣斷版多年，現由天地圖書重新出版，在此得感謝天地圖書編審部人員的一番努力，致此書能再與讀者見面。本書的書名，仍為家兄楊善深在本書初版時所題，早已成為了我的著作的包裝特徵。

紫微楊謹識

己亥仲夏吉日

目錄

第三章：因果情緣

第四章：水中穀殼

第五章：蕉窗傳燈

第六章：掌相傳奇

第七章：潛水怪遇

第八章：奇妙個案

第九章：閒談玄空

第一章

詭異與瑰麗

古人認為，蕉樹所在的地方，最為招惹鬼物的聚集，而民間更有傳說，蕉樹如果沾上了人血，日久更會成精。

所以，如果在荒塚野墳附近，種有蕉樹，夜間再出現螢火蟲群飛，這樣的景象，認為詭異者，自然不寒而慄。

但每一件事物，都有正面、反面、側面等多方面的看法。所以同是上述的景象，便有人認為荒塚為另一世界，月下蕉影移動，群螢飛舞，有若宮人傳燈，是一幕瑰麗的夜景。不但不足為畏，而且更有欣賞的價值。

把它看作是詭異或恐怖，固然是人的主觀：同樣的把它看作是一幕瑰麗的夜景，又何嘗不是人的主觀！一切都視乎你當時的心態而已。

當然，亦有人可以極理智的去分析這個景象，分析它如何會被人認為詭異。他們可以侃侃而談，説蕉葉為各類樹葉中之最大者，所以在月影下移動，遠看似有人在聚會。螢火蟲之在夜間會發光，是因為螢火蟲本身含有磷質的關係等。

這部《蕉窗傳燈錄》，將集多個近乎聊齋的故事而成，其中有些詭異的地方，在術數上可以加以解釋的，都會詳細的論述。

當然，其中亦有不少詭異之處，是無論你用甚麼方法都覺得難以解釋的。但，現在無法解釋，並不代表永遠無法解釋，因為世上不少看來謎一樣的事情，只是一時間未能獲得答案而已！情況有如看魔術表演那樣，在你不明白箇中底細時，你會訝異於魔術師如有「異能」那樣，令人難以相信。

在過去以至現在，術數界中不少高人，特別是在玄空（風水）學上有極高造詣的，在洞識天機之餘，也喜歡在所知的事物上蓋上一層神秘之幔幕，使不明底蘊的人，訝異於他們的法力無邊。

第二章

夢與夙慧

情皆幻境

開場白表過，現在先說一個現代的詭異故事！話說在東南亞一處賽馬事業頗為蓬勃的地方，有一位練馬師人稱「海哥」的，是一位當時得令炙手可熱的人物。在賽馬圈中呼風喚雨，手段豪爽，人面廣也吃得開。他的太太「阿如」，是一位漂亮的美人兒，一舉手一投足都有大明星的風範。

阿如大概是天梁星在陷宮守命吧！她有很高的夙慧，有時甚至達到「通靈」的地步，許多將要發生的事，她都有極強的預感力。

他們夫婦倆住在近郊的一間獨立的別墅式房子，是六運建成丑未向的。事有湊巧，自從他們搬進這所房子居住後，阿如就經常發一些奇奇怪怪的夢，很多時夢境的一切，醒來後均能十分清楚的記得。有時她把所夢見的事告知海哥，說起來也可歷歷如繪。而海哥每次聽阿如述說夢境的事，也都是聽過就算了，從沒有把它放在心裏。

最離奇的一次是，有一天他們夫婦兩人應朋友之邀到郊區的一間道觀去遊覽和食齋。那間道觀她卻是從未去過的。抵達後，到大殿拜過呂祖，一行人等便在花園裏散步，走到一個拱門之處，上面寫有這樣的一副對聯。上聯是「入眼有情皆幻境」，下聯是「放懷無事即神仙」，阿如對着這副對聯，登時一愣，若有所思，口中不斷重複唸「入眼有情皆幻境，放懷無事即神仙」。不一會，阿如即對海哥說：「這個地方我在夢中來過的！難怪我覺得很熟悉。」

阿如見海哥愛理不理，好像不大相信她所說的話，便情急的拉着海哥的手說：「過了這道拱門，就有一個小小的養龜池，下面養有六隻龜，而池上有一座假山，上書一個很大的『閒』字。」

海哥見她說得那麼肯定，而又確知她是從未來過這裏，便信步的走過拱門的另一邊去一看究竟。

夢與夙慧

海哥走過了那道拱門後，果然見有一個小小的養龜池，俯首下望，下面果也不多不少的養着六隻金錢龜。海哥隨着抬頭看看養龜池上的假石山，果也刻有一個頗大的「閒」字。至此，海哥除了感到訝異外，對太太阿如這種預感力，便感到確實難以解釋。其實，不單只海哥感到難以解釋，一般人當亦覺得十分離奇。那麼，在術數上對這種現象是否能適當的解釋呢？那是有的，在紫微斗數來說，一般天梁星守命的人，都會有極強的預感力，尤以在陷宮為然。所以，在斗數的書籍便說天梁星是有「前生」的人，夙慧特高。但天梁星雖有預感力，卻並非一生都有同樣強烈的預感力，那是有高低潮的，也就是說有強弱不同的時候。

同時，風水亦有一定的左右力。

如阿如的個案，在風水上可用數理清楚分析，她所住的房子是六運丑未向，居住的睡房開兑宮門，是為二五到門，安牀在巽宮，二八同到，雖云「巨入艮坤」，但二黑到門亦到牀，多病自然難免。那年阿如頻頻發夢，是因為當年流年四到中，六到房門，結合成二五六同到，天地人三卦均齊，想不發噩夢亦難矣。這是在術數玄空學上的解釋。而阿如的個案，除了發夢去過自己從未到過的道觀外，接着而來有更奇怪和更不可思議的事！

一天，阿如對海哥說：「昨夜我夢見奶奶（按即海哥的母親，已去世多年），她用手掩着胸前，對我說心口很痛，希望我們能幫幫她。」海哥因為見過上次離奇的個案，便不敢說阿如的夢完全無稽，故阿如這次再向他述說夢境，他就很自然的變成肯用心聆聽。

只是海哥雖然肯用心去聆聽，且關乎已故母親的事不敢怠慢，但阿如只是說他母親大叫心口痛，要人幫助她，怎樣幫助卻沒有言明，這使海哥一時間不知如何是好。

報夢墮馬

過了幾天，阿如又再對海哥說夜來夢見他的母親，同樣見她用手掩着胸前，頻說心口很痛，要阿如和海哥幫助她。海哥對此事已苦思了多天，但始終不知道如何解決才好。直至有一天他向朋友提及，才有朋友說可能是他母親的墳墓雜草叢生所致，勸他不妨去看看他母親墳墓的近況。

海哥聽來覺得可能有道理。他母親是葬在鄰埠的一個墳場上的，於是海哥翌日立即整裝到鄰埠去，更僱請了工人一同去清潔墓地，把附近的雜草樹枝一應清除得乾乾淨淨，心想問題應該解決了吧！

但不兩天，阿如又再對海哥說夢見他的母親，這次神情更為凝重，同樣以手掩着胸口，苦着臉說心口很痛，跟以前向他們求助的態度沒有兩樣，而且還說如果不幫她，「阿仔」明天就會墮馬。

海哥是有一個兒子習騎的，獨自住在馬場附近的一間小屋裏，為海哥前妻所出，但阿如一樣以「阿仔」呼之。海哥聽阿如這麼說，心中不免暗暗吃驚，心想怎麼此事會牽涉「阿仔」的？海哥自上次見過阿如「夢的徵驗」後，這次不敢怠慢了，在還未找到徹底的解決辦法前，便夤夜去找「阿仔」出來。告訴他阿如夢見嫲嫲，說他明天會墮馬，叫他寧可信其有，不可信其無，務要小心為上。

「阿仔」是一位新潮人物，覺得父親所說的一切有很深厚的迷信成份。但眼見父親臉上一片焦急的神情，也不敢說甚麼，只有唯唯諾諾的說會小心了。到夜深他兩父子分手時，海哥還是不十分放心，親手把一件類似護身符的項鏈古玉交給「阿仔」，要他明天出賽時戴上。海哥愛子情深，而且自己在馬背上出身，深知在馬上馳騁爭先的風險。海哥一夜難以成眼，輾轉反側不在話下。

到了天明，海哥一早入馬場，又再叮囑「阿仔」千萬要小心。

問及巫婆

當日「阿仔」第三場便有馬出賽，在他策騎馬匹去排閘時，海哥和阿如在看台上，心中總覺得忐忑不安。

開賽了，閘門打開，「阿仔」策騎的馬匹順利跟出，在二三位間，步伐看來很順。這是一場中距離賽事，跑到半程情況都很正常。在快要轉彎入直路時，怪事發生了，電光石火間「阿仔」的馬突然失蹄，「阿仔」在馬背上一個不留神便被拋下來了！這時群駒湧過，驚險百出。看台觀眾驚呼之聲四起，海哥和阿如更急得如熱鍋上螞蟻。

在救護人員趕到「阿仔」墜馬現場時，「阿仔」已慢慢的從地上站起來，彎腰雙手扶着自己的左腳，似是左腳有傷。只是看來已無大礙，海哥和阿如看在眼裏，深幸吉人天相。

最後經過醫生檢查，「阿仔」所受的確然只是皮外傷而已，總算逃過了一劫！

「阿仔」雖然無恙，但海哥始終未能釋懷，因為他知道事情尚未徹底解決也。而最使他苦惱的是，他不是不想徹底加以解決，只是不知道竅門所在和應該如何去解決而已！海哥這件煩惱事，知道的朋友漸多，結果有人提議海哥去找個巫婆來問問，據說在某屋邨有一個巫婆十分通靈，求她「問米」的人甚多，生意滔滔。

海哥在無辦法可想之時，也只好聽信朋友之言，姑且一試，請朋友代他約好時間，到時便與阿如按址前往。

據說那個巫婆能代人到地府去找尋親人的，是耶非耶，則已不入術數之類矣！

這種極端迷信的行徑，在今日的年代，本來極難使人入信的，但一般巫婆總有她的一套，如能模仿死者的口音、鄉音等，維肖維妙，很多人就覺得難以解釋。

這次海哥與阿如去找的巫婆，在開場白中也把海哥嚇了一跳！

疑風水變

巫婆見客的地方只是一間很小的斗室，面積大約只有數十尺，香煙繚繞，因為她每次接見客人，都在窗台處燃點三支香，有時則燒些元寶，所以每天她見過三幾個客人後，室內就煙霧迷離了！

海哥道明了來意，報上了母親的出生日期和去世日期後，巫婆開始作法，初時唸唸有詞，接着整個人迷迷惘惘的好像投入了另一個世界中。到她開口時，第一句話就把海哥嚇了一跳。

巫婆哇的一聲大叫，然後說：「嘩，乜你媽媽咁細粒㗎！」

海哥是騎師出身，個子雖然矮小一點，但體型卻是頗粗壯和結實的。他萬萬料不到巫婆第一件事便說他的媽媽「細粒」，而事實，他的媽媽生前是屬於嬌小玲瓏型的女人。巫婆接着好像進入夢囈的狀態，她說甚麼海哥和阿如都無法聽得清楚。

到巫婆醒來，她便對海哥說在地府果真找到了他的母親。使海哥感到奇怪和巧合的是，巫婆同樣說他母親向她表示心口很痛。

海哥追問巫婆，他母親可有向她說出解決辦法。

巫婆托着腮凝想了一會，呷口茶然後對海哥說：「你媽媽好像說了這麼一句話：昔日晶瑩可愛，今變利劍貫胸。」

海哥再追問下去，但巫婆說她所知就這麼多而已！

至此海哥仍是不知道實際的解決辦法的，但巫婆想了一會卻提示他，可能風水有變，應該找位風水名家去看一下他母親的墓地，說不定那處的風景本是「晶瑩可愛」，但前面有人開山破土，使到風水變成「利劍貫胸」。海哥本就是相信風水之學的，也認識一位風水名家，聽巫婆這樣說來，覺得不無道理。

結果，海哥在一個沒有賽事的週末，就約同風水名家到鄰埠去，看母親墓地的風水是否有變。

情況惡化

海哥與風水名家登上母親墓地的山頭後，第一件事自然是看看四周環境是否有變，是否有開山破土等情。兩人極目遠望，只見環境依舊，附近林木鬱葱，環境絲毫沒有改變。海哥並沒有把母親報夢之事告訴風水名家，一心希望他能看出其中有甚麼蹊蹺。

風水名家在四周視察一番後，再打開羅經來看，掐指細算一番，接着對海哥說，這處風水極佳，其母下葬後，他應該一帆風順，風生水起才是。而且肯定地說在這二十年「七運」之內，絕不會有問題。

海哥聽他這麼說，只是點點頭。而事實，他母親葬在該處後，他的事業確實是一帆風順的。他也相信該處風水極佳，只是目前的困惑，又將作何解釋呢？

海哥既得不到要領，謎底仍然打不開，只有偕風水名家黯然下山。同時最不幸的是，海哥對風水名家的功力，開始有了懷疑，懷疑其中可能有漏着。

海哥回家後，就把風水名家的話向阿如述說了一遍。夫妻兩人商量了一夜，卻也商量不出甚麼辦法來。奇怪的是海哥這次去鄰埠看過母親的墓地和順便拜祭一番後，阿如卻整個星期內未有再夢見他母親。

正在海哥認為可能事情正在不知不覺中解決了之時。一天早上，阿如又很緊張地對海哥說，昨夜她又夢見他的母親，而這次情況更為嚴重，除了他的母親表現很痛苦之外，而且還說海哥除了拜祭過她之外，並無給她實際的助力。最後以極嚴肅的語氣一字一字地說，「阿仔」在明天賽事上又會墮馬。

對於阿如的夢，海哥現在已全無懷疑，因為經過了連番的事故，使海哥不信也得信了。這次聽說「阿仔」又會再墮馬，使他又一次不知如何是好，使他最難過的是，深信一件不吉之事將會發生，但又不知如何迴避！

考慮遷葬

海哥在無法可想之餘，唯有與上次一樣，再去找「阿仔」，同樣的嚴重告誡他明天出賽要小心為上。甚至勸他不要過狠，盡量坐穩座騎。而「阿仔」本來是不大相信報夢這等事的，只是因為上次靈驗了，這次便不信也得信了。心中也在告訴自己，這回真的要十分小心了。

翌日，「阿仔」第一場賽事即有馬出賽，在策騎馬匹去排閘時，「阿仔」已小心翼翼的應付，在閘廂內「阿仔」也聚精會神的緊握韁繩。不料，人算不如天算，閘門一打開，說時遲那時快，群駒應聲而出時，「阿仔」就已從馬背上掉下來。一骨碌的滾到欄邊，也只是受了輕傷而已，可說是不幸中之大幸矣！

這次事件應驗後，海哥就更加徬徨，因為知道此事如不獲徹底解決，接着而來之煩惱事必會更多。

果然不出所料，過了兩天，阿如再對海哥說，昨夜她又夢見奶奶，但這次奶奶提出了十分嚴重的警告，說她的心口很痛，如果他們再不幫她，「阿仔」會再墮馬，而且不會如上兩次那樣只是輕傷，這次情況會嚴重得多了，但卻沒有說明會在甚麼時候發生。海哥聽阿如這麼說，心中既急，又埋怨母親為甚麼不說明他們應怎樣去幫她，致使他們雖想幫她也不知如何做起。

海哥在一籌莫展無法可想之餘，便當夜約了幾位知己朋友出來，把這件苦惱事再告訴他們，希望一人之計短、二人之計長，聽聽他們的意見，看看有甚麼解決之法。

其中一位朋友苦思了一刻，便突然的對海哥說：「看來令堂之墓，風水必然有問題，只是風水先生看不出來而已。依我看，不管三七二十一，索性另找風水吉地遷葬便算了，希望從此一勞永逸。」這番話海哥果然聽進心裏，因為他確是希望可以一勞永逸的。但這次遷葬之事，卻發生了一件使海哥此生人都無法忘記的極度詭異之事！

如劍貫胸

海哥的母親是葬在鄰埠，父親也是葬在鄰埠，只是並非合葬，而是分葬在兩處相距頗遠的地方。每年春秋二祭，海哥到鄰埠去掃墓時，便要多花時間在交通上，因此不免感到跋涉辛苦。

海哥既然考慮為其母親遷葬，自然想起何不找一處較大的風水吉地，好讓父母合葬在一處，既使父母能在地下團聚，盡一點人子的孝思，也好使自己將來去掃墓時減低舟車勞頓，正是一舉兩得也！

主意既定，海哥便開始託人在鄰埠物色吉地，當時適好鄰埠開闢一個新墳場，有頗多穴位出售，海哥知道這事後，便決定帶同風水先生到鄰埠去，看一下新墳場的風水如何。但海哥由於對上次同去鄰埠的風水名家失去信心，故這次另邀一位外地的所謂「風水師」同去。

這位所謂「風水師」其實是否真懂風水也頗有懷疑，因為後來他替海哥父母合葬之穴取未丑向而不取丁癸，在七運期間來說是頗難說得通的。而且該處的巒頭理氣實在也應取坐丁向癸的，決無道理取坐未向丑，一線隔天涯，這已是後話了。當日該位所謂「風水師」大讚該新墳場好風水，甚麼丁財兩旺等的好說話都說盡。

海哥既信那位所謂「風水師」的說話，便決定在該新墳場買兩個相連的穴位，以便把父母的骸骨合葬在該處。

選擇了吉日吉時後，海哥帶同風水師及仵工等人先到母親的墳墓，準備開棺撿出母親的骸骨，裝入金塔內然後遷葬到新墳去。

數名仵工合力揭開棺蓋後，都不約而同的驚呼。有人高叫：「乜棺材裏面會有咁多玻璃？」

到棺蓋正式揭開後，海哥便急急上前一看究竟，只見棺內果有很多玻璃，其中一塊碎玻璃形如長劍，直插在海哥母親骸骨的胸前。

莫不有數

至於棺內為甚麼有那麼多碎玻璃，以及有一塊形如長劍的碎玻璃直插在海哥母親骸骨的胸前呢？

經過研究之後，終於知道了原因。原來海哥的母親的棺木是西式的，在當日瞻仰遺容時，上面覆有一塊玻璃隔着屍體。通常，到蓋棺時，仵工是會把玻璃搬走的。但海哥母親的情況則是，仵工忘記先取出玻璃然後蓋棺，結果棺材內自然就有一塊大玻璃了！經過多年之後，夏熱秋涼，物質的熱脹冷縮，那塊棺內的玻璃所受的壓力不斷改變，結果終於有一天碎裂了。

而最奇怪、最湊巧、也最離奇的是，其中一塊玻璃不規則的碎裂成有如長劍的形狀，不偏不倚的直插在海哥母親骸骨的胸前。

海哥望着母親的骸骨，再想到阿如過去不斷的發夢，夢見母親掩着心口叫痛，覺得天地之間，確實有些不可思議的事。

而最不可思議的是，連巫婆也能說出「昔日晶瑩可愛，今變利劍貫胸」，與實際情況十分吻合。

只是謎底揭開之前，不要說海哥無法猜到，任何人亦難想像到棺材內會有玻璃，更難想像到會有玻璃不規則的碎裂如長劍，直插死者骸骨的胸前。

而仵工忘記搬走瞻仰遺容時所加上的玻璃，這種情況亦是極少有的。

海哥自從把父母遷葬後，阿如雖然仍然經常發夢，仍經常發一些奇奇怪怪的夢，只是就再沒有夢見海哥的母親。

海哥這件事獲得徹底解決後，本來以為從此可以不再有煩惱了。但過了不久，海哥在事業上就經歷了一場極大的震撼和變故，而且幾乎惹上了官非。在紫微斗數來說，海哥是轉入了一個新的大限，固然不及上一個大限的風光，而奇妙的亦在他父母就在新大限來時遷葬，風水上亦來一個奇妙的配合。念天地之悠悠，人間一切，莫不有數！

第三章

因果情緣

凶吉自主

「人為天地之心，凶吉原堪自主；易有災祥之變，避趨本可預謀。小人昧理妄行，禍由己作；君子待時始動，福自我求。」

以上的幾句話是出自《飛星賦》的，既說明了玄空學的力量，也有頗積極的意義。而後面的一句「君子待時始動，福自我求」，也說明了本來是可以自主的事，但也需要時間的配合，這等於說要有運氣的配合。

當你對玄空學有了深切的認識後，你會深深感到，一個人所住的房屋，與他本人的運氣是十分配合的，如果這個人既不懂玄空也無名家指導的話。

也可以說，從一個人所住的房屋，便可窺到他的運氣和健康的情況如何，準繩度是極高的。

見過有這麼的一個個案，有一位朋友，他大限剛好走到巨門星化忌守夫妻宮，且有煞星拱照，他是未婚的，而紅鸞星又適好在此時進入夫妻宮，那麼該作如何解釋呢？

原來，他就是在這個大限結婚但迅即離婚。那麼他所住的房屋在風水上又如何配合呢？

他原住的屋宇，在他結婚之年大門適好八九同到，是為「八逢九紫喜慶綿綿」。

但他因為結婚，不想再與父母同住，結果便另找房子搬家。

而說來也十分玄妙，風水的數理是完全準確的。

他找到的房子，是六運午子向的，開巽宮門，大廈的大門也在巽宮的位置，電梯也同在那個位置，入屋後睡房也是開巽宮門的。

懂風水的已深明這屋孤獨之氣甚重，一二疊至。巧妙的是紫微斗數以巨門主孤獨，而風水的二黑為巨門，也是孤獨的。

是年三到中，二再到巽，這位朋友新婚住入該屋只不過數月，已經鬧離婚了，而且除離婚外也諸事不順和多病。

但最先替他看風水的人怎說呢？

玄空多變

一個完全不懂玄空學的人，硬充自己識風水，這種人必定是害人亦害己的。為甚麼說害人亦害己呢？因為如果你信術數，就必信因果，把人誤導而害了人，試想想是否等於積惡，實在是不好玩的！如上文提到的房子，竟然有自認懂風水的人說，該宅為離宅，開巽宮門是為天醫，是上吉的住宅，東四命的人住更適合。結果那位東四命的朋友住進去，不數月便離婚，事業也一塌糊塗，病痛亦多，可說一無是處。雖然他的星盤亦注定他有這種現象，但最早替他看風水的人，卻等如是幫兇，加速他出現那種現象和更為惡化！玄空學本來是有一套極完整的學說，只是今日能徹底明白及完全掌握這門學問的人已極少，而不學無術者甚多，甚至有完全不懂玄空的人也大談玄空甚至著書立說，東抄西襲，胡說八道，結果，玄空學是被污染了！

當每一項有價值的東西出現時，自然就會有魚目混珠的事，如氣功了得，就有人以魔術來充氣功，也有人用催眠術來冒充氣功，五花八門，使人慨嘆。在玄空學上，情況也一樣。

在香港，常聽到一些十分無稽的所謂「風水學」，如「牀頭不可向西，否則就一路歸西」、「安牀最好坐南向北」、「開門的對角線就是財位」、「門不可對門」、「七運七到中，八到乾，生旺乾宮就大利」等，不一而足，都是硬繃繃和極易撞板的風水胡說。

玄空學與紫微斗數一樣，數理上的變化是十分活潑的，如紫微斗數的星曜十分講究廟旺利陷和大限與流年推移的變化；玄空學亦十分講究時空的推移和是否當令等。玄空也如斗數一樣，活潑多變，舉例來說，如三四同到，當令時就是「貴比王謝，總緣喬木扶桑」，但它清楚說明了「震之聲、巽之色，向背當明」，所以失令時，就是「同來震巽，昧事無常」。其變化之大，可知矣！

有果有因

「一天星斗，運用只在中央；千瓣蓮花，根蒂生於點滴。」這兩句話，出自《玄空秘旨》，意思清楚說明，玄空的數字，極講究源頭，也就是中央的數字。無論如何變化，產生千瓣蓮花，也是從點滴而來。不但玄空如此，其實我們日常生活，一切事物也是有因有果。只是很多人見其「果」而不知其「因」而已！

現在又想先對讀者說一個也是頗為詭異有果有因的故事！話說多年前，某處有一條村落，有一家人「三代同堂」，只是人口不多，三代同堂也不過四個人而已。年齡最大的是顧婆婆，少說也有八十歲了，丈夫很早已經去世，她含辛茹苦的養大了獨子顧亨，也為他娶了媳婦。而顧亨結婚多年，也只是在新婚不久生了一名孩子顧旺，以後更無所出了。所以，顧旺便可以說是兩代單傳了！

轉眼顧旺已經二十歲了，鄉下人一般都是早婚的，所以顧婆婆打從顧旺十六歲時起，就日夕希望孫兒早日結婚，好替顧家開枝散葉。因為在她心目中，常覺得人丁單薄十分危險，如果顧旺突然有甚麼三長兩短，那麼，顧家這枝香火也就從此斷了！而顧婆婆當日替孫兒命名顧旺，也是希望由他來帶旺顧家的人丁。

顧旺讀書雖不聰慧，但他是「天府星」守命的人，心地善良，在鄉間讀到中四左右便已輟學，留在家裏協助父親務農。顧旺不單只心地善良，而且個性勇於助人，路見不平固然喜歡拔刀相助，更能「急人之急」，所以，左鄰右里的人對他都有很好的印象。有一年，大雨成災，鄉間裏山洪暴發，一名村裏的小童在山澗附近遊玩，為突然而來的洪水沖走，正要向大海沖去、千鈞一髮的時候，顧旺適好在現場，他見狀奮不顧身的把已暈倒的小童拖上岸，救回小童一命。事後小童的家人對顧旺自然感激不已。

見義勇為

村裏的村長和鄉事委員會等人，都認為顧旺這次忘記本身危險，見義勇為的行為十分難得，應予褒獎。結果，一次在村長與眾父老開會後，一致決定送一面繡有「見義勇為」字樣的錦旗予顧旺，一方面既作為褒獎顧旺的行為，同時也鼓勵鄉中的青年以顧旺為榜樣。

那時候正好接近「芒種」，村長就選擇在端午節那天，舉行一個簡單的儀式，頒獎予顧旺。

顧旺領取錦旗後，固然喜不自勝，而他父親顧亨，在眾人的掌聲和讚揚中，自己也感到分享一部份光彩，以有這樣的一位兒子而感到驕傲。

只是顧婆婆坐在一旁默不作聲，因為她心中有很大矛盾。一方面既以顧旺為榮，以顧旺這種見義勇為的行為可取；但一方面又擔心顧旺這種個性，會帶來極大的危險，甚至一不小心就可能送去自己的生命。她見過奮不顧身救人而自己因此喪生的人，所以，顧旺在鄉人掌聲中領獎之時，她在喜悅之中也出現顧慮，因為在她的思想中，「不孝有三，無後為大」，這種觀念無時不牢牢的縛住她的思想。所以，顧旺一天未結婚生子，她就一天放心不下，怕顧家的血脈未能延續！然而，顧旺不知是受了特別的鼓勵還是天性使然，更參加了村中的更練團，而且不時要輪班值夜，那就是說很多時要夜後出巡，以防宵小或壞人的出沒。

他每次值夜，顧婆婆就徹夜難眠。但孫兒熱心公益的事，又不好過分阻止。有一夜，剛好又是顧旺值夜，大約在午夜時分，村裏的人大都進入夢鄉了，只有顧旺與另外兩名更練在村內各小路巡邏，他們突然發現不遠處的一間鄉村小學發生火警，是夜風大，開始有燎原之勢，顧旺等人立即響起警號，打響銅鑼，喚醒村中各人合力搶救。

火場救人

這間鄉村小學本來是村裏的祠堂，後來為了方便年幼的村童，便特別闢了兩個課室，所以雖名為小學，實際只得小一和小二兩級，村童讀到小三便要去較遠的地方就讀了！這間學校，顧旺幼年時也曾在那裏讀書，所以對校內的情況十分熟悉。當時在夜深，校內自然沒有學生和教師，但顧旺知道可能有一位校工趙伯留宿在那裏的。

趙伯年紀約五十餘歲，也是村中人，他本來是住在村尾的一間小屋的，他的老婆人稱「趙伯娘」，卻到城裏去打住家工，極少回來居住。他們夫妻兩人結婚多年，卻無所出。

早年，趙伯夫婦為了解除寂寞，一方面也希望能生兒育女，便聽從朋友的勸告收養了一位女兒，改名阿娟，希望阿娟腳頭好，能帶來弟弟或妹妹。

阿娟是出生只有數月便為趙伯夫婦收養的，所以一直都不知道自己是養女，而趙伯夫婦也一直視阿娟如己出。

只是趙伯收養阿娟後，趙伯娘的肚皮一直不爭氣！

到現在，趙伯娘已過了生育之齡，自然無法再希望生兒育女。尚好阿娟倒也孝順，人也長得標致，趙伯夫婦多少也覺得安慰。

趙伯由於在村裏的小學任職校工，也兼料理祠堂的一切，所以，有時工作晚了，他就睡在祠堂側的一間小室裏，與小學的課室只是一壁之隔。

是晚，鄉村小學不知如何發生火警，在顧旺與數名更練叫醒村中各人合力搶救時，顧旺便想起趙伯極可能被困在火場裏。初時，他們數人在火場外大聲叫喚，但無人回應。

顧旺心想趙伯如果暈倒了的話，他自然不會回話了。便立即聯同兩名更練，一同衝入火場，四處搜索趙伯的下落，一邊搜索一邊大叫趙伯。果然，就在祠堂側的小室門外，見趙伯已被濃煙焗暈。

風水攸關

趙伯當時可能已發覺火警而逃走，但一陣濃煙撲來，上了年紀的趙伯，體質已不甚好，結果就暈倒在地上了！

尚幸顧旺記得趙伯常在那裏留宿，與兩名更練合力衝入火場查看，卒之發現趙伯暈倒而把他救出來。

故事說到這裏，暫時打住一下，說一下一間屋的火警，與風水是否有關係。

在玄空學的《千金賦》中，就有這麼的一句：「七九同到，回祿連遭」，那是說飛星如果七九同到，就會發生火警。意思是先天火數與後天火數合在一起，自然會火警頻頻了，所以說「回祿連遭」。

但是否一見七九就馬上發生火警呢？這又未必，它既有發生的條件，也有可以大事化小的條件，是為玄空上之玄妙。

通常一間屋宇，如果在飛星上是七九同到的話，最危險的是向前有紅色的屋或紅色的廟宇，甚或紅色高聳的東西，有了這些條件後一遇到五黃飛到，就馬上會發生火警的了，這是徵驗性甚高的。

同時七運坐西向東的房子，如西卯向及辛乙向，是為二七同到，同樣有上述背景的話，也一樣極易發生火警的。特別是如一九八九年己巳年，二到中九再到向，變成二七九同到，一遇五黃，則火警之機會就極高矣。

一般真正懂玄空的人，見到這些房子，心中每每有極高之警惕。

但是否具備上述條件就必定發生火警無可救藥呢？

這又未必，化解之法多端，都是有極高的理論配合的，有些是經名家指導的，有些則是屋主本人本身有運，誤打誤撞配合了風水之道，而致消除火警於不知不覺之中。

如二七到向，怕五黃飛到影響，則可在向前加銅鐘或風鈴再加石山流水等東西，以洩五黃與二黑之氣。這是較簡單可以大事化小之法。但七九同到呢？解決之法就較複雜了。

情緣驟起

在中國術數的五行理論中，木為火之源。所以，在玄空學上，因飛星數的三四為震巽，都是屬木的。因此，遇到七九同到之時，習玄空的人便會教人在飛星的三四飛到之處設一水池或養魚，理論是以水濕木，木濕後便難生火，是為截斷火之源的方法，十分有效，比在火數所在之地設水池或養魚為有效，是因怕以水激起火威而致火勢更猛。

從這一點點來看，已可顯示出中國的玄空學，確實是有一套十分完整的理論。只是真正懂玄空者日少，而濫竽充數與魚目混珠者日多，便把這門中國舊有十分有價值的學問污染了。現在回頭再說顧旺當日救回趙伯後，趙伯與趙伯娘及阿娟對顧旺都不勝感激。因為當日如非顧旺想起趙伯可能在校內留宿而奮不顧身衝入去救人的話，趙伯一定葬身火海了。

趙伯娘為了感謝顧旺及幾位更練，便特別訂了一個日期約他們幾位年輕人回家晚飯，不料卻由此而造成了顧旺與阿娟的一段姻緣。

顧旺與阿娟本來是早已認識了的，但只屬一般的同村關係，見面只是點頭為禮，從未有相約出遊，所以不能說有甚麼印象或感情。

而說也奇怪，顧旺個子健碩，樣貌亦不錯，心地亦善良，脾氣亦好，但偏就在愛情路上波折頗多。而在這方面，紫微斗數卻是靈驗的，因為他的夫妻宮原天盤是紫微星與破軍星同守，如遇煞星便有離合無常之象，特別是在婚前為然，本來有來往得頗密的對象，但往往無緣無故的又分手，完全無理由可言。在一而再，再而三之後，到頭來往往會找到一個年齡比自己為大者結婚。到婚後，仍需要有風水的助力，否則仍防風波再起！而顧旺的情形正是如此，他從十八歲後，紅鸞星經已高照，也曾與數位女孩子約會，只是一如前述情況，離合無常。

在狐惑中

自從那次晚飯之後，可能紅鸞星高照的關係，顧旺開始與阿娟約會了。也可能阿娟心裏感激顧旺救回自己的父親，所以對顧旺另眼相看，但無論如何，兩人的感情發展得很順利。顧婆婆看在眼裏，心裏也開心。但顧婆婆是很信算命的人，在顧旺與阿娟過從漸密之時，便很想能得阿娟的出生日期，拿去城裏她相熟的算命先生那裏一算。

結果，天從人願，一天晚上，當顧旺帶阿娟回家晚飯時，顧婆婆故意的說起一些有關命運的傳奇故事，不料阿娟聽得津津有味，顧婆婆這時打蛇隨棍上，問阿娟是否知道自己的出生日期和時辰，表示她可以帶她到城裏一位挺靈驗的算命先生那裏算命。

阿娟到底年輕，不知道顧婆婆心底裏最想知道的，卻是她命裏有多少孩子！所謂是否好生養是也。只聽到顧婆婆說帶她去算命，已滿心歡喜了，便答顧婆婆說知道。

顧婆婆見阿娟答應了，便打電話到城裏相熟的一位算命先生，人稱「鬼眼」的，約定了時間。

顧婆婆雖然年事已高，行動遲緩一點，但健康還算不錯，仍常到城裏走動。她是很相信那位算命先生「鬼眼」的，因為她曾經拿過兒子顧亨和孫兒顧旺的生辰八字去算，都能算得十分準確。

而一直使她耿耿於懷的是，鬼眼先生說顧旺的命是「天機星」守子女宮兼遇煞星，子息必然稀少，同時也會來得很遲，儘管他可以早婚，但仍要三十歲後才得子。

所以，這次顧婆婆帶同阿娟去算命，就是想知道阿娟是否也一樣子息來得遲，更打算過後自己再靜悄悄去問算命先生顧旺與阿娟是否相配或有否刑剋等。

算命有功力的人，確是有他的一套的，顧婆婆這次帶阿娟去算命後，鬼眼先生所說的話，使她一直在狐惑中！

姻緣天定

鬼眼先生對阿娟說，她早離父母或過繼改姓，結婚對象初遇時無印象或感情，相隔一段時間再見面時然後互相愛上對方，配偶會是個子健碩、氣宇軒昂和外貌頗為吸引異性之人。現時已紅鸞星動，赤繩繫足婚喜之期不遠，但婚後子息來得遲，因早期會有流產之事，而有一點最特別之現象是，婚後不久，即有有夫等如無夫之象，要隔一段時間才會恢復關係，但卻不是離婚或雙方感情出現問題。

接着說一些阿娟過去幾年遇到的事，都十分準確。但此次阿娟算命後，顧婆婆與阿娟都同樣心中有很大的狐惑，覺得鬼眼先生有些地方說得十分準確，過去的事也靈驗，雖然有些未來的事還未知道，如子息遲等。但阿娟因為不知道自己是養女，顧婆婆也不知道，便認為鬼眼先生說她早離父母或過繼改姓是算錯了。所以對鬼眼先生的信心也打了一個折扣，對他說到婚後的現象也半信半疑。但事實鬼眼先生所算的一切都十分準確的，包括他說阿娟早離父母或過繼改姓等。

懂紫微斗數的朋友，看完上文多少應猜到阿娟是貪狼星守夫妻宮的了！其他宮度如何，聰明的朋友相信也同樣會明白。話說時間過得很快，轉眼已到冬至，顧旺與阿娟感情已成熟，顧婆婆也與趙伯商量過，希望他們兩人在年底之前結婚，大家都好了卻一樁心事。

趙伯本來就一直對顧旺有好感的，加上顧旺又救過他。所以，這樁婚事一談即攏。

在顧旺與阿娟結婚之時，前來賀喜的人都說顧旺奮不顧身救人獲得好報，亦有人說良緣確是天定，若非當日一場學校大火——事後調查懷疑是老鼠打翻祠堂油燈所致——如何會成就此段姻緣。顧旺與阿娟婚後，第一年阿娟果然有孕流產，到第二年，算命先生說阿娟「有夫等如無夫」的現象出現了！

似是中邪

顧旺雖然結了婚，但卻未有辭去更練的工作，而且每隔一段時間，還要值夜！

顧旺是一個熱心公益的人，阿娟素知他的脾氣，也不好說甚麼。而且，阿娟的父親趙伯，也因顧旺擔任更練才在火場中得出生天的。

只是，顧旺每次值夜時，阿娟多少也有些擔心，每次都叮囑他小心為上。

說來合該有事，一夜，顧旺值夜回來，整個人呆了，有點癡癡迷迷的樣子。阿娟初時認為他可能受到驚嚇，便一再問他曾發生甚麼事？

但顧旺只是說沒事沒事，到了晚上上牀時，顧旺顫抖得很厲害，像中了邪似的。但奇怪的是，他一走下牀來，坐在椅上睡覺時，整個人又回復平靜下來。到白天時又好像甚麼事都沒發生過似的。

這種奇怪的現象使到顧旺無法上牀睡，結果，每夜只有抱着枕頭到長椅上睡覺。夫婦兩人無形中被一種奇怪的力量迫使他們分牀而睡。

阿娟一直不明白其中原因，但是顧旺到白天時又一切回復正常，故初時並沒有把這些閨房內的怪現象告知翁姑和顧婆婆。

只是情況一直發展下去並無改善，多天之後，阿娟終於忍不住，把事情告知了翁姑和顧婆婆。

還是顧婆婆主意多，她教阿娟一種「移船就磡」的方法，叫她每夜在顧旺到長椅上去睡時，多加一張長椅陪他在那裏睡，如果情況有改善，顧旺不再顫抖，那麼，就把睡牀改放在那裏。顧婆婆這個主意，在她心中可能認為是「風水」的關係。

阿娟也認為是好辦法，到晚上，顧旺拿着枕頭和毛氈到長椅上去睡時，阿娟便照顧婆婆說的方法，多加一張長椅去和顧旺睡在一起。

說也奇怪，在阿娟身體一接觸到顧旺時，顧旺登時又顫得很厲害。

乩文難解

顧旺既然一接觸到阿娟的身體便發抖，自然不能同睡，更不能做愛！

如此下去，急的不單只阿娟，抱孫心切的顧婆婆自然更急。

還是顧婆婆辦法多，他想到鄰村不遠處有一座呂祖廟，據說扶乩很靈。她心想何不去問一下呂祖，到底顧旺發生了甚麼事？

主意既定，就在一天清晨，顧婆婆拉着阿娟出門，也不告訴顧旺他們去哪裏，只說到中午會回來吃飯。

到達了呂祖廟後，顧婆婆與阿娟十分誠心的上香叩拜，然後向廟祝道明來意，說要扶乩問事。

廟祝找來了乩手，請呂祖的一切開壇禮儀做妥後，便開始扶乩了。

說也奇怪，不一刻，乩手像在沙上寫大字似的，一個字一個字的寫出來，廟祝在一旁跟着抄寫。結果，所得的乩文如下：「恩仇難分，愛恨難說，土馬齊到，灰飛煙滅。」

顧婆婆與阿娟，拿着那寫着上述十六個字的乩文，細想了好一會，也不知道意思是說甚麼！

顧婆婆覺得這個謎很難猜，便請教廟祝與乩手，希望他們能解釋乩文所說的是甚麼，如何恩仇難分，甚麼是土馬等。

廟祝與乩手拿着乩文，也想了好一會，同樣不知道其真正含意何在。

還是廟祝聰明，他說乩文這種東西，很多時當事人會知道是甚麼意思，而局外人則極難推斷到的。所以，最好拿回去給當事人看，可能當事人會明白。

顧婆婆與阿娟聽廟祝這麼說，也覺得有道理。而且再逗留在廟裏，同樣也不會找到答案。

回到村裏後，顧婆婆與阿娟心急的到田裏找到顧旺，拉着他回家，立即向他展示乩文，問他近日情況是否如此，是否明白乩文的意思。

顧旺一看乩文，面色驟變。

救人怪遇

顧旺看似懂得乩文的意思，其實他只懂得一半，他面色驟變完全是因為乩文的前兩句「恩仇難分，愛恨難說」，對於「土馬齊到，灰飛煙滅」，他是完全不知道指的是甚麼的！至此，顧旺拉着顧婆婆與阿娟走到一旁，輕輕的嘆口氣然後對阿娟說：「阿娟，我並沒有做過任何對不起你的事，你一定要明白。」

阿娟聽顧旺這麼説，不禁錯愕了一陣子。顧旺隨着説出不久前有一天晚上，剛好他值夜為更練出巡，巡至村尾一間小屋，時已深夜，見屋內仍有微弱燈光，正奇怪村中人竟會深夜仍未上牀睡覺。他看清楚那間屋子，知道是以前他的女友阿紅居住的。

阿紅年前的運道極惡劣，父母同亡於一年，而自己與顧旺的感情亦無緣無故中斷。

這時顧旺從窗口循着微弱的燈光內望，赫然發覺阿紅懸樑自盡。

這一嚇非同小可，顧旺立即聯同同行的更練破門入內。

顧旺知道，凡拯救懸樑自盡的，切不可剪斷或割斷吊繩，否則那股突然下墜之力，已足以致懸樑者於死地。要拯救懸樑者，唯一辦法是攔腰抱他下來。

顧旺這時急不及待，推一桌子至阿紅上吊的位置，自己一躍跳上桌子，攔腰就打算把阿紅抱下來。

當時他是從背後攔腰去抱阿紅的，在他抱起阿紅正要讓她頸項脫離繩索時，阿紅的身體一軟，突然回頭，帶着涎沫的口部一下子碰着顧旺的面頰，似是親了顧旺一下。

這一下突然而來的「動作」，把顧旺嚇得三魂失去七魄，手一軟，力一鬆，阿紅的頸項又再套回繩索內。

另一更練在旁見狀不妙，急急的跳上桌上，把顧旺推下來，自己用力把阿紅一股腦兒的抱到地上，這時的顧旺卻呆若木雞的站在一旁。

拜土地公

兩人後來叫醒鄰里的人，一面對阿紅進行急救，一面報警把阿紅送去醫院。

顧旺與另一更練自然地同去醫院，並向警方報告發現阿紅懸樑的經過。而使到顧旺感到難過的，是阿紅送抵醫院後，已證實死亡。

顧旺感到非常的惆悵，回憶拯救阿紅時，阿紅對他好像舊情猶在，死了仍回頭伸出舌頭親他一下，使他既內疚又感到恐怖！

他不知道一個人剛死不久，身體仍軟，從背後攔腰抱他，力度用得不好的話，屍身上身凌空，是會有回轉的「動作」。

而使顧旺心中一直不安的，是他懷疑他在拯救阿紅時，阿紅其實尚未完全死去。但不幸他一時手軟，又把阿紅的頸項套回繩索中，以致她回天乏術，正是不知道自己是否因救她而致害了她。所以，他一看到乩文說「恩仇難分，愛恨難說」便面色驟變。至於阿紅的自殺原因，他因為不知道真相，便多所揣測，結果就更為不安。

顧旺經此一變，以後就出現了極奇怪的心理，晚上連自己老婆阿娟的身體碰着他，他也會起一陣子的顫抖！

結果，弄到要與阿娟分牀而睡，而算命先生說阿娟婚後不久「有夫等如無夫」在如此情形下應驗，確實使人難以想像得到了。至於乩文後兩句「土馬齊到，灰飛煙滅」，顧婆婆與阿娟固然不知道其意思，顧旺同樣亦無法猜到。

還是顧婆婆不斷的日夜推敲，結果她只是憑一個土字，想到可能與土地公有關。顧婆婆既有這種想法，便認為不管好歹，攜備三牲去拜一下土地公，總會有益無害。

說也奇怪，當夜，顧旺在朦朧中，就見到土地公帶一女子來見他，此女子不是別人，正是阿紅，淚容滿面，對顧旺說了一些他完全無法想像得到的事。

來世情長

阿紅對顧旺說，她知道他近日十分不安和內疚，其實她的死是與他全無關係的，但卻與風水和命運有多少關係！

現在先說一下風水學，凡一間屋會有人自殺，在風水上是有它的一番道理。如會有人自縊而死，《玄空秘旨》云：巽宮水路繞乾，為懸樑之犯。巽為繩索，乾為頭，若水路繞乾，雖當元而形勢相纏者，主有懸樑之厄。阿紅之說與風水有多少關係即指此。阿紅最能使到顧旺安心的，是她說出縱使顧旺當日沒有手軟而一下子把她救下來，她也已經返魂無術的了。最後阿紅說出自己其實是死得十分冤枉的，原來阿紅誤會了男朋友移情別戀，而這個男朋友既與她發生了肉體關係，也準備迎娶她的。

但現在她感到氣憤的，是她自殺後，她的男朋友反而怕事不敢露面。最後，阿紅告訴顧旺，在她居住的房間牀頭下面的磚牆上，有一塊鬆了的磚，把它移開，伸手入去可以找到一個鐵盒，內有一個小錦盒載着一件金心口針，是男朋友送給她的信物。除此之外還有一封男朋友寫給她的信，上面有男朋友的地址。她希望顧旺代她把心口針送給男朋友，並且說她的死與任何人都無關係，只是自己一時衝動和性子太烈所造成，對男朋友後來的表現，雖然感到氣憤，但希望他保重。最後，阿紅長嘆一聲：「此生緣盡，來世情長。」隨即與土地公失去蹤影。

顧旺倏忽的醒來，天漸明亮，窗外已有雞啼之聲，回想起夜來的夢，十分離奇。起牀後，他就聯同一名更練，到阿紅住的地方，依言去找，果然找到阿紅所說的一切。

而最奇怪的是，由這天起，顧旺心理回復正常，夜間與阿娟同睡不再顫抖。當時適為戊午年、戊午月、戊午日、戊午時。戊為土，午為馬，「土馬齊到，灰飛煙滅」，既巧合亦奇絕也！

第四章

水中穀殼

布衣故事

有一個風水師的故事，流傳頗廣，雖然它有不合理之處，但因為頗為脆異，故此，便為坊間一些愛聽風水故事而又不知風水為何物的人所接受了！在開始說這個故事之前，我們不妨了解一下：由於真正對風水學有認識的人不多，坊間享有盛名的風水人物，在正式的風水學歷史中，許多時並無甚麼特殊的地位。如風水學中所推崇的楊筠松、郭璞等大名鼎鼎的人物，往往不如賴布衣之為民間熟悉。

情形如文學史中，韓愈據有頗高的地位，但民間低下層似乎知道倫文敍的人更多。

所以，有不少坊間所流傳的風水故事，為市井中人所津津樂道的，真正鑽研風水的人很多時反而沒有聽過！而且，這類故事，也多是託賴布衣之名的，是真是假，亦難考據。

在過去，一般江湖上算命看相的。多喜以「鬼谷子」、「金吊桶」等為名，而業風水的，則多以「×布衣」為名。

故在民國初年期間，有一位風水師名「陳布衣」的，功力雖屬平常，然生涯尚算不俗。

至於他是習哪一派的則不詳，亦與故事無關。只是陳布衣經常向人宣傳，他的風水學是三代祖傳的。所以，他不容別人攻擊他或批評他，凡有人對他的風水學有所懷疑，他就把他看作是最大的敵人。他所持的理論是，攻擊他等於攻擊他的先人，因為他的風水學是祖傳的，所以說他的風水學差勁，等於辱及他的先人。

陳布衣這番理論是否有充份的理由姑且不論，但他為人相當小器卻是真的。為人小器是風水師的大忌。所以，一般風水名家，在收徒和擇人而傳時，品德的檢定佔有很重大的份量。所謂「薪傳忠孝家」也！只是說到祖傳，那就無話可說了。

水中穀殼

陳布衣年近四十，個子矮小，在性格上雖然小器，但人倒很勤力，經常到鄉村附近山頭尋龍追穴。

話說有一天，陳布衣攀山越嶺，也不知走過了多少個山頭，走了多少的路。時當盛夏，烈日當空，陳布衣給猛烈的太陽曬得滿面赤紅，渾身是汗。

遙望山腳見有一個小村落，陳布衣急急的沿着山路走下去，希望找碗水來解渴和找個地方歇歇腳。

在一棵極高和濃蔭廣闊的大樹旁邊，有一位少婦蹲在井邊洗衣服。

陳布衣這時氣喘如牛，極度口渴，便以沙啞的聲音問少婦，這口井的井水是否可以飲用。

少婦也不打話，繼續在洗衣服，但以手指指着井旁的水桶，示意他可以自己打水來喝。

陳布衣也不答話，三步併作兩步走到井旁，以極迅速的手勢拿起木水桶放到井裏去打水。

不一刻，陳布衣已雙手捧着盛有約半桶水的木水桶，坐在一塊大石上，正準備大口的飲水解渴。說時遲那時快，突然有一把穀殼從天而來，落在水桶內。

陳布衣抬頭一望，見少婦站在身旁，知道是少婦的惡作劇。

陳布衣正待發作，少婦已走回井旁，繼續低頭洗衣服。

陳布衣實在太口渴，也不計較太多了，雙手捧着木水桶喝水，覺得清冽甘甜，但水中浮有穀殼，他便不能飲得太快，一邊飲還要一邊用氣吹去穀殼，使他飲來覺得特別辛苦。心中既詛咒少婦的惡作劇，也盤算如何對少婦報復。

大約過了十分鐘，陳布衣喝完了水，用手帕拭去臉上和額角上的汗水，在樹蔭之下納涼。這時他才看清楚少婦的面貌，少婦年約二十餘歲，樣貌娟好，面上有一抹憂鬱氣，低頭洗衣服，也不看陳布衣一眼。

終於，還是陳布衣先開腔。

盤算報復

陳布衣問少婦這村落叫甚麼名字，少婦不答，再問她是否住在這村落和是否經常到這裏洗衣服，少婦又不答。少婦的表現，顯現出她是一個相當沉默寡言的人。

但她眉宇間有一抹憂鬱之氣，顯見她心裏有些問題無法解決，這是陳布衣用最顯淺的麻衣相法也可看出來的。

陳布衣看見這位少婦無論問她甚麼也不回答，甚覺沒趣。便隨意的四處張望，覺得此村落的山巒氣勢，頗具格局，一時興起，便從隨身攜帶的布囊中取出羅經，測度此村落一般屋宇之立向，隨即掐指計算。

在陳布衣拿着羅經走到少婦的身邊時，少婦發現陳布衣似在看風水，突然開腔了，問陳布衣道：「你懂得看風水嗎？」

陳布衣這時隨即打蛇隨棍上，對自己的風水學大吹大擂，說自己是遠近馳名的風水名家，某村的祖墳是他立向、某村的祠堂是他的傑作等。少婦也不等他說完，便問陳布衣道：「你覺得這村的風水如何？附近有甚麼好風水的山頭可讓先人入土為安，子孫昌盛的？」

陳布衣這人畢竟小器，口中一時沒說甚麼，但心中卻仍記着自己喝水時，少婦惡作劇的把穀殼撒入水中，使他不能暢快地喝水。

這種小事，作為一個風水名家，絕不應記掛在心裏，更不應盤算在風水上予以報復。但陳布衣就是這樣的小人，他用羅經在村落周圍測度一番後，用他自己的一套風水理論，他認為這村落是屬於「五鬼」之地，遠山有五個小峰起伏，更使他確定自己不會看錯。

只是陳布衣並沒有把自己所得的結論告訴少婦，而且還佯說這村落風水不錯，但要懂得加以應用，然後才能發揮此村的風水效果！

陳布衣在說這番話時，心中已在盤算如何報少婦在水中撒下穀殼之仇！

心存毒計

陳布衣隨後指着他剛從山上走下來的山嶺，說這山的左邊山坳，有一呈深谷的地方，風水甚佳，是為陰陽匯聚的地方，葬後子孫必然昌盛。少婦一邊聽他說，一邊在凝想，也不答話。最後陳布衣問少婦，想找吉穴的是她的甚麼人。

少婦到這時才真正的肯與陳布衣說話，少婦道出自己的身世，說自己本是鄰村的人，父親早年到城市去工作，不料染上疫症去世，就葬在城裏的公家墓地。到今年，下葬的年期已夠，必須起回遷葬。也即一般人所說的「執金之期已屆」，而她又不知應把父親的骨殖遷葬何處，故此近月來一直為此事而鬱鬱不樂。同時少婦更對陳布衣說出，由於自己是獨女，並無兄弟姊妹，母親對此事也不知應該如何處理，而限令「執金」之期已不遠，所以近日特別心煩云。

少婦最後問陳布衣，若照他指點，把父親的骨殖遷葬到山谷之處，而自己是獨女，是否可獲得風水上的最大影響。

陳布衣連忙答道，這個是當然的。少婦終於向陳布衣說出自己的心事，原來少婦婚後兩年，仍無所出，故此十分希望把父親的骨殖遷葬後，憑風水的庇蔭，可遂生男育女之望。

陳布衣手持羅經，指着前面的山谷，對少婦說，我帶你去走一趟，好讓你認識一下那處的地方和吉穴所在，並替你立向拉線定位，以後你就照着我定的方向去做就不會錯了。

少婦聞言果也動容，便站起來整理一下自己的衣服，把要洗的衣服暫時推向一旁，隨着陳布衣上山去。在路上，少婦問陳布衣，事後她應該如何酬謝他。不料陳布衣說：「不必了，我是純粹為興趣而工作的。」陳布衣話雖然這般說，但心中早已有了毒計，說來可使人嚇一跳的。

被鬼剃頭

原來，陳布衣認為該山谷一帶，是屬於「五鬼」之地，心想找個「五鬼絕地」給這位少婦，讓她安葬她父親的骨殖，那就甚麼仇都報了。少婦當然不知道陳布衣的心術不正至這個田地，還靜心的聆聽陳布衣所說的一切。

最後陳布衣在山谷處點了一個穴，並做了記號，教少婦日後可以憑記號來安葬她父親的骨殖。

這位小器的風水師，在與少婦道別時，心想這回一定可以把你害透了。

時光荏苒，轉眼過了二十餘年，陳布衣自從做了這件虧心事之後，經常多病，有次更無端端的頭髮突然脱落了一半，成了半個禿頭，病理上雖然可以解釋這種現象，但民間卻稱這個病為「鬼剃頭」。

而最奇怪的是，他凡遇到「五」字都心驚膽跳，有年他遇到一位懂鐵板神數的朋友，替他算命算出有這樣的一條讖文：「一字記之曰五，怵目驚心。」他認為奇準。他不敢住五號的屋，也不敢選五號的日子出門遠行，他認為「五」字對他極為不吉利。

就在他六十五歲之年，既湊巧亦詭異，有鄰村的人來找他，說要請他到「超生圍」的地方去看風水。

陳布衣雖然對附近的村落和山嶺頗為熟悉，但卻從未聽過「超生圍」這個地方。而約定前往的日期亦十分奇怪，就是在農曆「立夏」那天。

陳布衣本來是極不願意在那天出門的，因為當年「立夏」適在陽曆的五月五日，而他對「五」字心中有很大的陰影。

到底從事「術數」工作的人，重視陰曆多於陽曆，而對方又許以重酬。陳布衣終於答應依期前往，若是換上農曆端午節五月五日的話，則打死他也不肯去的。

結果所發生的事，是他事前完全無法預料到的。

重臨絕地

話說陳布衣到達「超生園」後，覺得這個地方似曾相識，但一時間又無法想起在甚麼時候來過，直到走到一棵濃蔭的大樹下，在樹旁不遠有一口水井。這時陳布衣想起來了，就是他二十五年前在那裏遇過一位少婦，並曾害她把先人的骨殖葬在「五鬼絕地」的山中。

陳布衣既然想起往事，自然不免起了好奇心，很想知道當年的少婦把父親的骨殖遷葬後，後果如何。

正在他陷入沉思中的時候，帶領他前去的人輕推他一下，說前面有一間三進的大屋，找他看風水的，就是住在裏面的一位婦人。

不久，陳布衣來到那間大屋的門前，他在門前駐足而觀，並問帶領他來的人有關該屋建成的年期。隨着他從所攜帶的布囊中取出羅經來測量，然後掐指計算。

不一刻，陳布衣已經得到了結論，對帶他來的人說，此屋風水不錯，旺丁旺財。

正說話間，屋裏已有人開門，一位園丁模樣的中年男子對與陳布衣同來的男子說：「我們家夫人久候了。」隨着款接他們到大廳坐下。

僕人奉過香茗後，一位中年的婦人出來了，陳布衣第一眼便認出那是二十五年前他在這村所遇到的少婦。與陳布衣同來的人立即站起來介紹說：「這位就是請你看風水的陸夫人。」

寒暄過後，陳布衣看着站在自己面前的陸夫人，當日蹲在井旁洗衣服和不愛說話的形象，仍浮現在腦海中。

但這次卻是陸夫人先說話，她說自從陳布衣教她把父親的骨殖葬在山中那個穴後，至今轉瞬二十多年，環境起了很大的改變，她很想再見到陳布衣，便四處着人打聽他的下落。現在總算皇天不負有心人，給她找到了！

陳布衣這時的心，正如十五個吊桶，七上八落，也帶點內疚，又不知陸夫人找他的真正目的。

絕處逢生

陸夫人當日在他喝水時在他水中撒上穀殼，而他自己後來又如何設計報復，一切的過程，都好像重現在陳布衣的眼前！

陸夫人對陳布衣說，自從她照他的意思把父親的骨殖遷葬後，十年內她生了五個兒子，丈夫的事業亦蒸蒸日上，大兒子亦已學有所成，今日全部在家，準備讓陳布衣見面，同時預備了禮物答謝他。

陳布衣在聽陸夫人這番說話時，心中既有極大的狐疑，冷汗也從背上直流，又不知是甚麼力量扭轉了乾坤，但他知道，其中必有蹊蹺和原因。

到陸夫人和五個兒子出來拜見陳布衣時，更把陳布衣嚇了一跳，原來陸夫人的五個兒子，樣貌黑黝奇醜，直如民間傳說的小鬼模樣。

陳布衣這時心中在想，「五鬼絕地」確是出現五個酷似小鬼模樣的人物。但再想深一層，這地既說是絕地，那麼何以會添人口的呢？

而更沒理由的是，陰宅風水竟與陽宅風水違背，因為眼前陸夫人所住的屋，他測度過認為是丁財兩旺的。但陸夫人的父親，卻是葬在「五鬼絕地」的，這又作何解釋呢？

陳布衣不斷在想，始終無法找到答案，正在疑團滿腹時，他忽然想起此地地名為「超生圍」，難道地名起了「超生」的作用，但信風水的人一般是不甚相信名字的力量的。

最後，陳布衣還是耐不住，便不怕唐突的問陸夫人道：「這地方為甚麼稱為『超生圍』呢？」

陸夫人被陳布衣這麼一問，也憶起往事，嘆口氣的對陳布衣説，當日他離去不久，這裏發生了一場頗為強烈的地震，地動山搖、河水改道、房屋倒塌，也有不少人因而死亡，餘下來的大有劫後餘生之感。

而信因果的人便説，這次能生存下來的人都是好心有好報的，為了紀念這次絕處逢生，所以便由原名「福新圍」改為「超生圍」。

疑團漸解

至此，陳布衣才明白自己為甚麼沒有聽過「超生圍」名字。同時在他聽到「好心有好報」

這句說話時，心中起了一種不尋常的反應。他對陸夫人提出，希望到她先父的墳上去看看。

陳布衣的目的，是要看看那裏風水是否有變，那麼這個啞謎自然就可揭開了。

陸夫人當然不知道陳布衣心中所想的事，見他提出要去看自己父親墳墓的風水，還以為是他對自己的一番熱心，自然滿口答應，並着人立即預備車子前往。

在到達陸夫人父親所葬的地方時，陳布衣覺得與昔日的情況大異其趣。以前這個地方是一個似釜底的山谷，如今前面豁然開朗，並有一個頗大的湖，湖中有一個小丘，形如案台，風水是徹底的改變了。就算是一個完全不懂風水的人，站在那裏也會覺得心曠神怡的。

陳布衣至此徹底明白了，一場猛烈的地震把風水改變了，原本是「五鬼絕地」的地方，現在變為是「五鬼運財」的地方。

由於始終脫不開是「五鬼」之地，陸夫人在十年內就生了五個鬼子，而每個兒子的模樣都黑黝怪異，似足民間傳說中的小鬼模樣。此一奇也。而陸夫人的家境，在她把父親葬在那裏後，不出數年光景，已漸漸的富有起來，終於自己建了一所三進的大宅居住。而所建的大宅，就是陳布衣較早時候到過，認為是丁財兩旺的屋宇。

在風水上有這麼一句說法：「福人葬福地」，這句話陳布衣是深信不疑的。但後人能承受其福分，亦須本身有福澤，否則亦會有外來因素破壞風水。而有福澤之人，亦須積德和多行善事。陳布衣不懷疑陸夫人曾做過許多好事或善事，但他始終耿耿於懷和不明白的，是他當日喝水時，陸夫人為甚麼要搗蛋的把穀殼撒入水中。

真相大白

陳布衣為了要揭開這個謎底——當日自己在喝水時，陸夫人為甚麼把穀殼撒入水中？便只有直率問陸夫人才會找到答案。

這個啞謎藏在陳布衣心裏二十餘年，而當日陳布衣亦認定是陸夫人的惡作劇。否則的話，他是不會找一個「五鬼絕地」的穴讓陸夫人遷葬他的父親。而這個「五鬼絕地」，今日出現在陳布衣的眼前，卻變成是「五鬼運財」之地。那麼，當日陸夫人所為，一定是有所解釋的。結果陸夫人說出當日為甚麼把穀殼撒入他喝的水中時，陳布衣這個小器的風水師，當場內疚得要死。同時也明白為甚麼那個「五鬼絕地」會變為「五鬼運財」之地，正是一般業術數的人認為是好心有好報所致。

原來陸夫人說，當日見陳布衣在烈日之下，滿頭大汗，面色赤紅，肯定已跑過不少的路，這時候一見到冷水便盡情大喝，必定會引致中暑，就算身體最強健的人也會感冒。而在這個時候，要制止他不要那麼快速的喝水，相信也制止不來。所以，唯有把穀殼撒入水中，他才無法一口氣的大喝特喝，必須一邊用氣吹去穀殼一邊喝水，這樣就拉長了他喝水的時間。

陳布衣到這個時間，才明白到陸夫人把穀殼撒入水中，並非搗蛋和惡作劇，而是一片好心所致。

陳布衣不分青紅皂白，一下子就想到報復，既小器亦鹵莽。所以，他在為陸夫人定穴後，就疾病叢生，是為惡報。

而陸夫人則因為一生都好心，所以，天地也助她一臂之力，把壞風水改為好風水。

這個故事我曾聽過多次，雖然每個人所說的版本都略有出入，但大致上都是相同的，可見流傳甚廣。

這個故事，也可說是用另一種方法說明，「人為天地之心，吉凶原堪自主」。

故事主旨

陳布衣的故事是坊間典型的「賴布衣式」的故事，內容有顯著的堆砌和牽強之處。但這類風水故事，在坊間流傳甚多，電視台亦曾拍過此類劇集。但可以看出，陳布衣的故事，已算這類故事中較為曲折者，故選出來以饗讀者。

此類故事只有在坊間流傳，而一般真正習風水學的人，則極少去加以研究。因為在整個故事的發展過程中，並無《玄空學》任何的數理加以說明，有的只是一些巧立名目、似是而非的命名，如「五鬼絕地」就是。所以，真正鑽研風水學的人就不屑一顧。那麼是否有一些理論性甚強的風水故事，足以為後學者去研究的呢！而《蕉窗傳燈錄》為甚麼又不多所選載呢？

最大的問題是，一般具有理論性的風水故事，如《沈氏玄空學》、《宅運新案》及《二宅實驗》等書所刊載的，都有極佳的理論和在數據方面的解釋，只是它們欠缺故事的傳奇性和曲折性，在《沈氏玄空學》中較為有趣的一兩個故事，我亦已在《天網搜奇錄》中選載了！它與「賴布衣式」的故事最大的分別之處，是沒有賴布衣式故事之巧立名目。學者可以細心的去揣摩其要義。在陳布衣的故事中，較為可取之處，並不是它十分着意的去說明「好心有好報」，而是它說明了一個小器的風水師的可怕。

已故風水名家趙景義先生，在他的遺作《玄空紫白訣》和數本珍藏的手鈔本中，在書的第一頁內頁，都寫有「師師有誓在，薪傳忠孝家」的字樣。這兩句話，無疑肯定地說明，作為一個風水名家，實在不應濫收門徒。

不單只在風水學上為然，古代一般術數名家，在收門徒之前，都先作嚴格的品德檢定，是很對的。否則不幸多收幾個如陳布衣之類的人物，豈非害人不淺？

第五章

蕉窗傳燈

落葉歸根

五十年前，中國人無論遠到海外任何地方謀生，對祖國都有極強的向心力。縱使他們身處的地方物產豐富，一切事物都可使他們稱心滿意，但到年老之時，就很自然的希望落葉歸根，返回自己的家鄉安度晚年。那個時候的人認為「客死異鄉」，是一項極大的悲劇。

身在海外，心繫故鄉，是那個時候每個在海外謀生的華人的共同心態。發了財固然衣錦還鄉，不幸到年老仍兩手空空的話，當地的同鄉會也會想辦法籌錢送他們回去，且每每視為善事。

今天，情況已起了極大的變化，不單只遠適異國的華僑不少被當地同化。現時才開始移民的人，又有多少個仍然心繫故國，希望年老時落葉歸根的?而且他們亦早已有「客死異鄉」的心理準備。

是祖國在六七十年代的表現令人失望，還是現代人的國家觀念轉趨薄弱?相信讀者都心中有數，也不必我去嘮叨。

半個世紀前到海外謀生的中國人，不單只希望在有生之年能返回故鄉。甚至意外死亡，意外被殺害而棄屍荒郊者，做了鬼仍然有極強烈的返回故鄉願望。

那個時候就有不少的傳奇故事，是鼓勵大家在知道某些骨殖是某人和屬於某鄉的時候，設法帶那些骨殖返回原鄉安葬。本港早年一位知名的富翁，據傳說他就是曾在海外某個地方，某夜獲一位客死異鄉者報夢，說自己的骨殖被棄在某個地方，希望他能把他帶回故鄉，定有厚報云。當時尚未發達的那位富翁，如言照做，結果後來果真大發特發。這位富翁的後人目前仍在香港，我也認識的，他們不但不諱言此事，很多次茶餘飯後，他們對此事都津津樂道，而且還詳細的說出一切的過程。這類故事是否當事人偽託，以鼓勵後人不妨多做這些「善事」則不得而知，但以下的一個故事則是頗詭異而富於傳奇色彩的。

蕉窗傳燈

「牛哥」為人個性率直，説話和做事都不會轉彎抹角，年過三十尚未結婚。「牛哥」只是他的綽號，他本名叫「黃春生」，童年時在新界的一條小村落中度過，由於個性戇直和帶點鹵莽，身材粗壯結實再加上有點牛脾氣，所以朋友稱他「牛哥」而不呼其原名。

他童年時所住的村屋附近，種有不少的芭蕉樹，從窗裏外望，遠處可見到一個小型的墳場，是村人安葬先人的地方。夜裏，牛哥伏在窗檻外望，很多時都見到螢火蟲飛舞，牛哥不但不覺得恐怖，而且還覺得如一幅美麗的圖畫，螢光閃爍，忽明忽滅，忽遠忽近，有如宮人傳燈。牛哥在十一歲那年，父親為了工作關係，舉家搬到港島西環區居住。附近同樣有墳場，而且還有義莊。

現在先把故事打住，說一下住屋鄰近墳場的風水問題，不少朋友問過我，住屋附近是否忌見墳場，對風水是否有影響？

這是不能一概而論的，須視方位而定。但有一點必須記住，玄空學有一條不易之理論，就是在不吉之方位，忌見尖聳的物體或建築物。所以對墳場而言，如果是平坦一片的，那倒沒有甚麼，如果是高低不平和顯得十分岩巉，再加上在屋宇的不吉方位的，那就避之則吉了。所以，住屋鄰近墳場，既可以對風水無礙，也可以對風水有極大的影響，不能一概而論。

話說牛哥所住的附近，既有墳場亦有義莊。但在牛哥來說，他自幼已慣見墳場的了，所以，並不覺得有甚麼特別之處。況且，他們一家，對風水之說所知甚少！

住在牛哥隔壁有一位保險經紀鄧大叔，嗜好多多，既好杯中物，亦好賭博，有空時常到牛哥家裏聊天。

這位鄧大叔，對牛哥的一生影響極大。

贏錢門路

由於鄧大叔是保險經紀，收入自然是頗不固定。而鄧大叔又是一位不擅理財的人，加上嗜好多多。所以，袋裏有錢的時間少，身無長物的時間多。

鄧大叔有錢的時候卻是十分闊綽的，很多時他也會買瓶酒和一些下酒的東西到牛哥家裏，與牛哥的父親淺斟低酌。而他窮的時候，就很多時幾個星期不見了他，也不知他去了哪裏！

有一次，鄧大叔「失蹤」了一個星期後，突然穿着得十分光鮮回來，並買了好些禮物送給牛哥家人，據説他在鄰埠的狗場，大有斬獲。

同時他靜悄悄的向牛哥的父親透露，這次贏錢雖然不算太多，但他已經發現了一個斬斷窮根的門路，下一次可能會贏得更多的錢回來。

他說有人告訴他，在鄰埠有一間寺院，在池塘旁邊安有一個土地公，這個土地公十分靈驗，你只要誠心的去求他，所得的賽狗貼士是十分準繩的。這件事在鄰埠已漸漸傳開去，知道的人愈來愈多，弄至逢賽狗日都有不少人上門來求貼士。而鄧大叔這次到鄰埠去，適逢其會，也試試去求一次貼士。結果中了個滿堂紅，贏了大錢回來。

牛哥的父親聽鄧大叔說得眉飛色舞，自己也躍躍欲試。便懇求鄧大叔下次到鄰埠時，帶他一起去。

鄧大叔為人倒也大方，當下便答應了。而且還說打鐵趁熱，約定了週末就去。

轉眼就到了週末，那天早上鄧大叔一早就過來約牛哥的父親一同去飲茶，說飲完茶就搭船去鄰埠，賽狗是在晚上舉行的，所以他們準備的時間可說頗為充裕。

到了鄰埠找酒店安頓下來後，時屆中午，鄧大叔已急不及待的拉着牛哥的父親到寺院去。

而最奇怪的是，鄧大叔到了寺院後，怎樣也找不到土地公的蹤影。

土地失蹤

鄧大叔十分不服氣，也莫名其妙，自己上週才到過這裏，在池塘的旁邊分明安設一個小小的土地公雕像，也有香爐等物。但現在甚麼也沒有，難道土地公會隱形的？

鄧大叔找遍池塘旁邊各處地方，始終無法發現土地公的蹤影。

牛哥的父親這時也按捺不住，便對鄧大叔說：「你不會找錯地方吧？」

鄧大叔指天誓日，說上週的確是在這個地方拜過土地公，並用紙團寫着號碼來求賽狗貼士，結果中了個滿堂紅。而使鄧大叔感到奇怪的是，上週在這裏等候拜土地公的人頗多，現在則只有他和牛哥父親兩人。

正在鄧大叔不知應該離去還是繼續找尋的時候，剛好有一名像是寺院工人模樣的人走過，鄧大叔急拉着那人，問以前這裏的一個土地公，現時安在甚麼地方？

那人順手向池塘一指，說土地公目前在池塘中。

鄧大叔與牛哥父親一時錯愕得說不出話，土地公怎會走到池塘去的，難道土地公也喜歡游水的？

終於，他們兩人都按不住好奇心，不期然齊聲的問那位工人，土地公怎會走到池塘去的？

那人說出真相，使鄧大叔和牛哥父親感到既好氣又好笑。

原來那人說，就在前兩天，有位缺德的人來求週三的賽狗貼士，可能不夠誠心的關係，所得的貼士，全部鎩羽而回。

據說那位缺德的人，就住在寺院附近，他認為這個土地公正式「幡竿燈籠，照遠唔照近」，留在那裏也沒有用，就乘人不覺時把土地公和香爐等物拋入池塘洩憤。

到後來，有其他人來拜土地公，遍尋不獲，發現池塘浮有香灰等物，細心察看，原來土地公已在池塘底。

另尋門路

鄧大叔和牛哥父親這時循工人所指向池塘底望去，果然隱約見到土地公的雕像躺在池塘底。

正在鄧大叔和牛哥父親感到十分失望的時候，那位工人對他們兩人說：「其實，大廟有靈，細廟亦有靈，何處的土地公不一樣？所謂心誠則卦準也！」

那位工人接着說出一番道理，不知他從何處聽來的。他說，凡求土地公，第一次求的人所得必準，但再求的話，很多時就不靈了。

鄧大叔和牛哥父親，也不知道這番道理是真是假，也只有唯唯諾諾。

那位工人又說，不單只求土地公為然，就算求任何神鬼，都是第一次必靈的。他搔搔頭，很辛苦似的又想了一會，然後對鄧大叔說：「是了，好像甚麼經也說過，我是聽人說的，再三瀆，瀆則不告。」

鄧大叔聽罷工人這番說話，心中好像得到了靈感，向工人道謝一番後，便拉着牛哥父親離去。

原來鄧大叔在想，這還不容易，自己在香港的住所附近，也有一個土地公，回去求得準確貼士買外圍，不是同樣可以贏錢？

主意既定，鄧大叔和牛哥父親回到酒店後，也無心再逗留，隨即退房買船票回港，酒店的人見他兩人來去匆匆，也大感奇怪。

趕回香港，時屆黃昏，鄧大叔雖然性急和好賭，但心想，如果這時趕去拜土地公，甚麼也沒有準備，似乎有欠誠心。反正賽狗之期十分頻密，留待下週一切準備妥當才搏殺也未遲。鄧大叔對牛哥父親說出自己的意見，牛哥父親也同意。

轉瞬又到星期六，晚上鄰埠又有賽狗的節目。這天下午，鄧大叔和牛哥父親，買了燒肉和香燭等物，十分誠心的到居處不遠的一個土地祠去拜土地公。鄧大叔忽然對牛哥父親說，這次應以他個人的名義叩拜，與牛哥父親無關。

不夠靈驗

由於鄧大叔忽然想起寺院工人的說話，說任何人求土地公，第一次求的所得必準。但再求的話，許多時就不靈了。不但求土地公如此，求任何神鬼，都有相同現象。因此，鄧大叔就覺得，如果與牛哥父親一同求土地公，豈不是浪費了。所以，他對牛哥父親說，這次應以他個人名義叩拜，下次才由牛哥父親來叩拜，這樣豈不是可多爭取一個第一次。

鄧大叔把自己的意見對牛哥父親說了，牛哥父親也同意，並認為鄧大叔確有頭腦。

鄧大叔準備了兩組紙團，其中一組寫有場數，另一組寫有號碼，以抽籤的方式來求取賽狗的貼士。

當日，鄧大叔用這方法求了三場的貼士，站在一旁看他抽籤的牛哥父親，自然也看在眼裏。

然後他們兩人便喜滋滋的去打電話下注，他們下注的方式是獨贏三串四兼位置過三關。

當晚，鄧大叔與牛哥父親便甚麼地方也不去，一同守在家裏的收音機旁，收聽鄰埠的賽狗結果。

每到他們下注的那一場，他們都顯得特別緊張，不在話下。但結果，當晚的貼士使他們不知道應說是靈還是不靈。

因為他們求土地公所得的貼士，三場均跑了一個第二回來。獨贏三串四自然輸了，但卻贏了位置過三關。計算得失，尚幸位置派彩不俗，仍贏些少，但鄧大叔是十分不滿意這個結果的，認為是不夠靈驗！

鄧大叔當晚睡在牀上，輾轉反側，他在想，難道自己不算是第一次求土地公，所以才得到這個不理想的結果？

後來，還是他自我解釋，對了，在鄰埠第一次求土地公，中了個滿堂紅。在香港這次求土地公，以在香港來說，是第一次，但連鄰埠那一次來算，是第二次，所以全部第二。

寄望賽馬

顯然，這是鄧大叔的自我安慰。因為他在寄望下次由牛哥的父親去求土地公時，會獲得奇準的貼士。

鄧大叔又不停在想，自己在鄰埠第一次求賽狗貼士，贏了個滿堂紅。但若由牛哥父親在香港去求鄰埠的貼士，是否會因是鄰埠的關係，成為多了一重障礙，或者對準繩度打個折扣呢？

鄧大叔想起，「隔山買牛」已成為人的笑柄，而自己在「隔山買狗」，雖則這個所謂「買狗」不過是「投注」，但看來還是不甚適宜的。

終於他決定，若由牛哥父親第一次去求土地公貼士，就索性求本地的賽馬貼士。他把這個道理對牛哥父親說了，牛哥父親並不是個主意多多的人，自然聽鄧大叔的擺佈。

就在一個賽馬日的前夕，鄧大叔與牛哥父親再到土地公處誠懇地求貼士。這次自然是由牛哥父親去求了，當時鄧大叔寄予極大的期望，因為他相信了鄰埠寺院工人的説話，任何人第一次去求鬼神，所得的都會特別靈驗。

鄧大叔並不知道，一個人有沒有橫財，其實在術數的立場來看是有所注定的，有些人一生都有極好的橫財運，有人則偶然有橫財運，但亦有人終其生都與橫財絕緣的。

如果鄧大叔是懂得紫微斗數的話，他更會清楚知道一個人既分有「正財運」、「橫財運」之外，還有「投機財運」。

一般人極少同時三種財運都有的，能同時有「正財運」再加上「橫財運」已很了不起了！再兼有「投機財運」的話，就極少極少了。

主財的星曜包括有武曲、太陰、祿存、天府等，前二者得到化祿，自然財源廣進。

但橫財呢？也有大小之分，如貪狼星會合火星，所得之橫財較大；貪狼星會合鈴星，同樣有橫財，但所得會較小。

迷信之源

鄧大叔當日在鄰埠賭狗贏了個滿堂紅，其實也是貪狼星會合鈴星而已，不過他是個從未贏過大錢的人，對這次的勝利已感到十分滿意了。在術數的角度來看，一個人如果有橫財運，則不論他用甚麼方法去下注，都同樣有橫財。只是一般人在巧合的情況配合下，就會形成一種迷信。如有人賭馬常輸的，忽然有一天贏了大錢，他會搜索枯腸的去想，今次賽前有甚麼與以前不同的遭遇。如有人每次都是由中環乘車去跑馬地，但每次都輸。忽然有次剛好在九龍辦完事，乘渡海輪到北角再乘車去跑馬地，卻給他贏了大錢，他就會認為由這途徑去跑馬地可能是幸運的，以後賽馬就故意的去九龍，再沿上次的途徑去跑馬地。如再贏，他這項迷信就會根深蒂固了。又如有人打麻雀常輸，有一天忽然手氣奇旺，贏了大錢，他同樣可能會去回想，這次贏錢的原因在哪裏?如有人那天剛好是做了一些較特別之事或穿了較特別的衣物，他就可能認為那是幸運的東西。舉例來說，有位朋友，有一次去打麻雀贏了大錢，回家後發現洗面的毛巾仍浸在面盆裏，自己因為趕着出門而沒有把毛巾扭乾掛起，正在笑自己為失魂魚時，卻想起這可能是帶來自己幸運的特徵。所以，以後他去打麻雀，都故意的把洗面的毛巾浸在面盆裏。

如鄧大叔偶然湊興的去求土地公貼士，就給他中了一個滿堂紅，他自然是認為土地公有靈了。同時也因為他確是第一次求土地公就中了的，自然有人對他說第一次求會特別靈驗，他也深信不疑了。話說鄧大叔這次看着牛哥父親在向土地公求賽馬貼士，自己已在盤算可以下注重些。他很信這次的貼士是會靈驗的，因為牛哥父親是第一次求土地公，而且他還是甚少賭錢。不料，牛哥父親求得的貼士，卻使鄧大叔感到無法夠膽重注出擊。

不滿所得

原來，牛哥父親所求得的三場賽馬貼士，全部是大冷門，據報章馬經的評語，不是傷就是殘。鄧大叔平日也有看馬經的，自然知道馬匹的冷熱，現在見牛哥父親所得的貼士如此冷門，信心不免打了個折扣。

但無論如何，貼士求出來便沒有不投注的道理。終於，鄧大叔與牛哥父親都有下注，只是下注得少些。

而這次結果更為奇怪，至翌日開賽時，他們求得三場貼士的馬匹，竟有兩場退出，未退出的一場卻是爆冷門的贏了。但由於只中一場，雖然也贏錢，畢竟也贏不多，況且他們又已經縮了注。

此次賽馬之後，鄧大叔不斷在思量，為甚麼牛哥父親第一次求土地公，成績也如此低落，更貼兩場退出的馬匹讓他們去投注？最後，鄧大叔唯有解釋為上次他去求土地公時，牛哥父親亦有在場，可能算他有了半份，所以才得到今日如此的成績！此兩次的投注，雖然不算成功，但也不算失敗。只是鄧大叔一心以為鴻鵠將至，所以才感到特別失望而已。

鄧大叔因為希望得到空前的勝利，便在盤算下次應由何人去求土地公。

終於，鄧大叔認為，牛哥應是最理想的人選。因為那時牛哥才是十一歲，是一位戇直的小童，自然更從未求過土地公任何東西。

鄧大叔把自己的意見對牛哥父親說了，牛哥父親也同意，他絕沒有想到這事對牛哥可能有些甚麼壞影響。

到了又一次賽馬日的前夕，鄧大叔與牛哥父子兩人，一同來到土地公祠的面前，由鄧大叔教牛哥如何向土地公求取賽馬貼士。

牛哥倒也聽教，依言奠酒、擲紙團、抽籤，求得了三場的賽馬貼士。

鄧大叔與牛哥父親對這次的貼士，自然是寄予極大的期望。

一再大勝

果然這次牛哥所求得的賽馬貼士，倒沒有令到鄧大叔失望。三場半冷門的馬匹全部勝出，鄧大叔與牛哥父親自然贏了個盤滿砵滿。

在慶功宴的時候，鄧大叔又在盤算下次應由何人出馬。若再由牛哥去恐怕不靈了！但不讓牛哥去又讓何人去呢？

還是鄧大叔「頭腦靈活」，他想到鄰埠寺院工人的說話，大廟有靈、細廟亦有靈，不論求甚麼鬼神，第一次去求總是靈驗的多。

接着，他想到附近的墳場，在入門不遠處有一個守山之神，應該也屬於土地公之類，若由牛哥去求這個「山神」，相信所得的貼士也會靈驗的。

但他不知從哪裏聽人說過，在這類陰氣較重的地方求鬼神，若在半夜去求，往往是更靈驗的。

只是牛哥還不過是個十一歲的童子，如何可以半夜帶他到墳場去拜鬼神，膽子小的話可能嚇出病來也不出奇。

鄧大叔與牛哥父親商量一番後，最後終於想出一個折衷的辦法，選擇在賽馬前夕黃昏之時去拜山神，希望再次求得一次準確的貼士。

果然，不知是鄧大叔與牛哥父親走運，還是確是山神有靈，還是一如傳說第一次求鬼神必然靈驗，鄧大叔與牛哥父親就憑從山神處求得的賽馬貼士，翌日又贏了一次大錢。

當夜，他們與家人一同到居處附近的酒樓大吃大喝一番。鄧大叔與上一次一樣，又再盤算下次去求哪一個鬼神。

可能牛哥兩次求的貼士都特別靈驗，使鄧大叔贏了大錢，因此，當夜他看着牛哥在低頭吃飯時，覺得這孩子確實特別可愛。

就在鄧大叔與牛哥父親酒酣耳熱，喝得差不多的時候，牛哥突然對鄧大叔與父親說，當夜他們三人去求山神時，他見到一位白衣白髮的老人坐在一旁，拈鬚微笑。

遇見山神

牛哥又說，那個白衣白髮白鬚的老人，外貌慈祥，他們三人在求山神貼士時，他坐在一旁一直在微笑。鄧大叔與牛哥父親聽牛哥這麼說，頓時有點愕然，同樣心想自己怎麼沒有看見的。終於，他們都有同樣的想法，那位白衣白髮白鬚的老人，很可能是山神的化身。

到底，鄧大叔是經紀出身，職業習慣使他反應快捷和無孔不入。本來他是盤算着下次去求哪一位鬼神的，現在他心裏卻有了一項新主意。鄧大叔與牛哥父親耳語一番後，牛哥父親竟也連連點頭。

飯後，牛哥父親把牛哥拉在一旁，輕聲的對他說，那位他們拜山神時出現的白衣白髮白鬚老人，極可能是「神仙」，如果他們所猜不錯的話，多接近他自然會有好處。只是當時自己和鄧大叔都沒有看見他，可說無緣。

最後牛哥父親對牛哥說：「我們三人只有你看見那位『神仙』，看來你是與他有緣的，你有空時不妨多到墳場山神處跑跑，希望再能會見他，到他喜歡你和你熟落之後，你此生會有說不盡的好處！」

牛哥父親與鄧大叔希望牛哥聯絡上他們心中認為的「神仙」，目的昭然若揭。

牛哥果然聽話，此後就經常跑去墳場山神所在的附近，希望能再次見到那位白衣白髮白鬚的老人。只是他一連去了多次，都沒有給他遇到。

牛哥每次在黃昏時候去墳場，鄧大叔都是知道的。所以每次他都在牛哥的家裏，等牛哥回來，看看有甚麼好消息。

在一連多次的失望之下，鄧大叔又在想，是否牛哥去得太早，以致「山神」不便出現。他把這意見與牛哥父親說了，牛哥父親也覺得有點道理，但叫一個年僅十一歲的孩子入夜後才去墳場，則又似乎有點那個。

財迷心竅

到底一個人財迷心竅的時候，會減少了許多顧忌，有時更會達致膽大妄為的程度。

鄧大叔當然不敢叫牛哥午夜去墳場，只是暗示牛哥可以比黃昏時間晚一點去。而牛哥父親，當然更不會叫牛哥午夜去墳場。

在牛哥方面來說，他雖然只有十一歲。但聽鄧大叔與父親兩人的說話，也明白他們真正的意思。當下牛哥便對鄧大叔說，早幾年自己在鄉村居住時，晚上也曾在墳場上走過，無甚麼可怕的地方。言下之意是，以後晚一點到墳場去也不妨。

結果，以後牛哥去墳場的時間，果也愈去愈夜。只是牛哥去了多次，始終沒有再遇到那位白衣白髮白鬚、他們認為是「神仙」的老人。

轉眼過了一個月，牛哥也感到心灰意冷，去墳場的次數也愈去愈少。

而鄧大叔與牛哥父親，眼看着賽馬一次又一次的舉行，每次湊興的投注，都是輸的多贏的少。

就在鄧大叔與牛哥父親開始放棄牛哥「遇仙」之望，研究去求另一些鬼神的時候，就發生了一件使人極度震驚和影響牛哥一生的事！

那天晚上，鄧大叔和牛哥父親知道牛哥去了墳場，但等到深夜仍未見牛哥回來，時間一刻鐘一刻鐘的過去，他們兩人便愈來愈焦急，漸漸害怕牛哥不知道否遇到甚麼意外，兩人在室內來回踱步。終於，時間實在太夜了，鄧大叔與牛哥父親便決定到墳場去走一趟，看看牛哥是否在那裏，總勝於在家裏乾着急。

當下兩人便帶了強力的手電筒，還邀請了大廈一位他們熟悉而剛好休班的看更劉叔一同去。

三人到達墳場後，便首先趕到「山神」所在處找尋，但不見牛哥蹤影，便分頭四處去找，終於，找到牛哥了，卻使他們三人既驚且急！

倒在墳上

最先鄧大叔發現牛哥倒卧在一個顯是新墳的小泥丘上，頭部有血漬，褲子也有血斑，昏迷不省人事。他們知道如果叫救護車來，可能地方不易找而誤了時間。因此，三人便合力抬牛哥下山，截的士送牛哥入醫院，他們認為這是最快的方法。

到達醫院後，牛哥被送入急救室時，牛哥父親最為焦急，因為他一直不知道兒子到底發生了甚麼事，為甚麼會在墳場上倒下昏迷。他在走廊上行也不是，坐也不是。還是鄧大叔極力安慰他，說甚麼吉人天相之類的好說話，而事實鄧大叔自己也在焦急。

大約過了半個鐘頭光景，醫生和護士出來了，對牛哥父親和鄧大叔說，牛哥已經甦醒過來，頭部輕傷無礙，倒是下陰部位似給尖銳的物件如石頭等東西撞擊過，受傷較重，可能要經過一段時間才能復元，最後說他們可以入去探望牛哥了。

牛哥父親與鄧大叔聞言急不及待搶入病房，但見牛哥頭部繫着綳帶，面色奇白，斜躺在病牀上。

牛哥父親愛子情切，看見兒子這個模樣，自然心痛，握着兒子的手一句話也說不出來。還是鄧大叔先說話，他帶着不解和悲傷的心情問牛哥，當晚到底發生甚麼事？

終於，牛哥在病牀上，說出當晚所遇到的一切。

原來，牛哥因為一直再沒有遇見過那位白衣白髮白鬚的老人，他不但知道自己父親和鄧大叔對此事急切，而自己實在也希望能再遇到他。所以，那天晚上他就在墳場上逗留得較長時間，希望那位白髮白鬚的山神終會出現。不料就在他等了一段時間後，突然覺得內急，在墳場裏當然難找洗手間，牛哥很自然的四處張望，看有甚麼地方可以小解。結果，給他見到不遠處有一空地，草長高與人齊。

小解起禍

牛哥發現一個可以小解的地方，自然大喜過望，便跑到草叢後面解決。正在他小解的時候，發現那個空地上的小土丘，原來是一個新墳，自己的尿正向墳頭射去，這一驚非同小可。牛哥立即轉身便跑，不料一腳踢在新墳的后土上，當堂一個餓狗搶屎式的向前仆倒，隨即不省人事，甚麼事也不知道了。

事後經過醫生檢驗，他頭部只是輕微擦傷，但下陰部位為石頭撞傷，則可能影響較大。

鄧大叔與牛哥父親都是相當迷信的人，他們覺得牛哥受傷的地方不偏不倚，偏在下陰部位，似是他在人家墳頭上射尿的報應。

牛哥的傷，其實並不算重，所以留在醫院觀察了數天便出院。

就在牛哥出院那天，又發生了一些更不可思議的事。

那天牛哥家人與鄧大叔都來接他出院，他們在醫院走廊走過時，走廊明明是一個人也沒有的，但牛哥卻說看見有幾個人倚身在牆角處嘆氣。經過急症室門口時，牛哥表現得很驚的樣子，家人問他有甚麼事，他直說見到有些傷勢極重的人在那裏哭泣，亦有些斷手斷腳的人十分無助似的坐在那兒。

但牛哥的家人和鄧大叔，卻甚麼都沒有看見，鄧大叔想了一會，明白過來了，他知道牛哥見到的是鬼物。他拉着牛哥父親走到一旁說，牛哥這次在墳場跌倒後，除了撞傷了頭部，看來眼睛也有問題，他現在似乎變了一般人傳說的「陰陽眼」，可以看見一般人看不到的鬼物或靈魂等類的東西。

而牛哥這次轉變，確也給他帶來不少的煩惱，他不單只可在墳場上見到一般人見不到的鬼物，在街上走路的時候，很多時也見到一些使他大吃一驚的東西。這項轉變，其實也是對牛哥的一項懲罰。

惡鬼懲人

牛哥無意的在一個新墳上小解，立即獲得嚴重的懲罰，此鬼亦可稱為惡鬼矣！

話說回頭，在舊日的中國農村社會裏，許多老人家都會教小孩子，不可在荒山野嶺隨處小解，如果急切有此需要的話，也必須再三的喃喃自語，細聲的說：「對不起，對不起，請讓開，請讓開。」據云就是防止發生如牛哥所遇到的事。甚至到現在這個科學時代，仍有老人家教年輕的一輩，去旅行或露營時，在荒郊去小解或大解時，同樣要如前述那樣的喃喃自語，就是怕惹上惡鬼。而牛哥此次遭遇，除了變成「陰陽眼」之外，更嚴重的是，他的下陰部位為石頭弄傷，日後娶妻生子也可能出現問題。

而此後，牛哥對墳場、螢火蟲、蕉樹等事物，都改變了以往的態度。以前覺得無甚可怕甚或覺得可以欣賞，如螢火蟲之夜飛等事，現在都變成覺得恐怖了，牛哥的心態可說有了一個極大的改變。每在晚上，經過墳場時都要繞道而走，對鬼物十分害怕。自從牛哥發生這次事故後，鄧大叔也感到有點內疚，他與牛哥父親同樣不敢再提向任何向神鬼求取貼士之事。

這是牛哥童年的事，時間過得很快，轉眼過了十多年，牛哥已二十餘歲了。牛哥讀書並不出色，中學勉強畢業後就出來做事。與他同期的同學都有女朋友甚至有人結了婚，而牛哥還是孤家寡人一個。牛哥自己的一份獨特自卑感，是沒有人知道的。由於牛哥具有「陰陽眼」的關係，他常見一些古靈精怪的鬼物，對宿命論自然亦十分相信。有一年，他和幾個同學一同去算鐵板神數，牛哥得到以下的兩條籤文，既增加了他做人的信心和憧憬，同時又使他費解；籤文是：「一字記之曰香，情義比金堅，斷不得。」使他費解的籤文是：「體之半；福之源。」

聖經打開

牛哥不知道甚麼是「體之半，福之源」，對於「一字記之曰香」，他則相信將來可以認識一個女子姓香的或名字上有個香字的。但自念自己有一份一般男子沒有的自卑感，又如何會有情義比金堅的女朋友呢？

既然想不到合理的解釋，只有等着看今後發展是否確是如此了。

牛哥讀書雖不聰穎，但人卻是挺老實的。所以他出來做事後，頗得老闆的信任，他任職於一間玩具廠，初時只是普通文員，後來升為幹市場調查的工作。

說到升級，很多研究紫微斗數的人都知道，紫微斗數在這方面的準繩度是頗高的。一般來說，事業宮會照到天巫星與封誥星既可主升級，命宮遇到文曲星化科，同樣也可以獲得極快的升級。

回頭再說牛哥的事，要發生的終歸是會發生的。

有一年秋天，老闆要派牛哥去菲律賓南部一個城市調查市場。

牛哥到外國去調查市場，這次已非第一次。但此行，使牛哥無法料到的，是使他下半生的一切都受到影響和作了極大幅度的改變。

話說牛哥到達目的地後，當地的代理商立即接他到酒店，安排一切行程和節目，不在話下。

但牛哥入到酒店房間後，總覺得忐忑不安，心裏有一種特殊的感覺，但又說不出其原因。他放下行李後，便四處張望，他是具有「陰陽眼」的，卻看不到任何東西。

突然，他看到有一本揭開了的聖經放在梳妝枱上，從他的第六靈感，他覺得這本聖經一定有它的作用。

正在狐疑間，代理商已派人到來接他出去了，使他無暇再想。

突聞門聲

牛哥當然不會不知道在一般天主教或基督教的國家，他們的酒店，房間內大都有一本聖經的。

只是，一般的聖經，都是放在抽屜內的。

而牛哥入住的房間，那本聖經卻是打開放在梳妝枱上的，那又有沒有甚麼解釋呢？

在不知底蘊的人來說，自然認為是上一位住客在梳妝枱上讀聖經，讀完忘記掩上放回抽屜去。但熟知內情的人就會知道，原來在菲律賓南部的一些酒店，如果房間內曾發生過兇殺案或曾經有人自殺，又或曾出現過魑魅魍魎等的鬼物，他們就會在當眼的地方放上一本打開的聖經，據云甚有辟邪的作用。

牛哥的預感力總算很強，雖然他對上述之事一無所知，但他一入到房間後，就有一種不安的感覺。

一般習玄空學的人都相信，有些人的預感力十分強，特別是他在行運之時，房屋風水的好壞他都能感應到。一切擺設固然可以安放得頭頭是道，如果屋中有些甚麼古怪的地方，他仍是同樣能感受到的。

牛哥就是這樣的人物，他對風水學一無所知，但他有很強的感應力，更何況他具有「陰陽眼」，風水先生往往要掐指計算一番，才知道屋中是否藏有鬼物，但他只要張眼一望就知道了。

他見到梳妝枱上有一本打開的聖經，只覺得這本聖經必有些作用，但是說不出一個所以然來，當然不知道那本聖經目的是辟邪。

話說當晚代理商等人接待牛哥，晚宴後再到夜總會遣興，至深夜才送牛哥返回酒店。牛哥返到酒店後第一件事便是更衣洗澡，接着坐在梳化上打算簡略的看一下當地當天的報紙。

到牛哥準備上牀時，突然傳來幾下敲門聲。

燈光明滅

牛哥趕去開門，見一侍者站在門外，用手作勢，從上到下作垂直波浪式的搖動幾下，意思是問牛哥要不要女人。牛哥也看得明白，連忙擺幾下手，示意不要。在關門的時候，牛哥隱約的似見到有一短髮的女人站在侍者的身後。

返回房內，牛哥坐在牀沿，正準備上牀睡覺，見梳妝枱上打開的聖經，剛好為冷氣風口吹着，不時自動翻頁，發出一些聲響。他連忙過去把聖經掩上，放入梳妝枱的抽屜內。

說也奇怪，在牛哥把聖經放入抽屜內時，房內燈光一明一滅的閃了幾下，接着又有敲門聲響。

牛哥以為那侍者又再死心不息的要介紹女人給他。

牛哥在開門時，卻見不到那侍者，但忽然好像有一陣風湧入。牛哥連忙關門，一陣怪異的感覺使牛哥全身打個冷顫。牛哥感覺到有人進入了房內。

他返身一望，果然見一短髮的女人，面色青白，坐在梳妝枱的矮椅上。

牛哥自從有了陰陽眼後，此類「異物」已見得多，但想不到這次卻跑到房裏來。

那女人似乎知道牛哥可以看見她，示意牛哥坐下，不必驚恐。

牛哥見她不似有任何惡意，便照她指示坐在牀沿，看她下一步有何動作。

那女人終於開口說話了，但聲音很輕很輕，輕得僅可讓牛哥聽到。

她說她的名字叫「阿香」，是從香港來的，現在流落異鄉，不能回去，很慘很慘。曾有幾次見有香港人來住，本想要他們帶她回去，但每次都遇到一些特殊的意外，使她無法如願。今次有緣，無論如何要牛哥助她一臂之力。

牛哥看她說話時，聲音雖然很輕，但看得出她的神情藏有憤怒，顯見她曾遭遇到一些不平的事。

異鄉仇恨

牛哥正要問她為何流落異鄉之時，阿香已開始述說自己的身世。

阿香說在香港時遇到一個無良的人，名字叫阿康，說介紹她到這裏來工作，可以得到比香港高幾倍的待遇，其實是騙她來此地當娼。

阿香年少無知，中計了。到了此地，人生路不熟，呼天不應叫地不靈，但又不甘於遭人侮辱欺負。終於有一天，乘人不覺，就由此房間跳樓殞命了！

阿香跳樓時，身穿紅衣，志在死後變為厲鬼，找阿康報仇。不料阿康已逃回香港，而自己卻成為異鄉之鬼。既無法遠渡重洋，一腔抑鬱，無從宣洩。

牛哥在聽阿香述說過去一切時，也為她感到十分不平。

到底牛哥是個直性子的人，打抱不平之心油然而生。便問阿香自己可以如何幫助她？

阿香說，自己死後，被草草的埋葬在此小酒店的後院門外一棵橡樹之下。

阿香以極懇切的語氣，希望牛哥能掘出她的骨殖，然後火化，把骨灰用罎盛着帶回香港去，放在庵堂內，既等待報仇機會，也望獲得超渡。

阿香說話時，牛哥細心聆聽。最後，阿香說，為了籌劃一切費用，要牛哥帶她到賭場去，自可贏得所需的款項。

牛哥問甚麼方法可帶她去賭場。

阿香說出的方法倒也奇怪，她說，此地常常下雨，就選一個下雨的晚上，只要牛哥帶把傘子，走到她埋骨之處，連說幾聲「阿香、阿香，我們一同去吧」就成了。她就可以附在傘子上，隨着他一同去賭場。

牛哥答應了會照做，阿香自然滿心歡喜，便示意牛哥說要回去了，說時遲那時快，阿香倏忽的消失了蹤影，牛哥四處張望，再也無法見到阿香，便只有上牀睡覺，到明天再說！

定要信邪

一夜無話，翌日，牛哥跑到小酒店的後院，果然見到有一棵頗高的橡樹，樹腳旁有幾株長得特別高和青綠的草，牛哥感覺到那就是阿香埋骨之處。

當夜，果然下雨了，只是雨勢並不很大，牛哥果也信人，當下便攜了雨傘跑到酒店後院的橡樹旁，依照阿香的吩咐，在那裏喃喃細語幾聲。未幾，牛哥感覺到阿香似在他耳邊説話，吩咐他到了賭場，要收了傘才好過「門口土地」那一關。回程時則要過了「門口土地」後才可張傘。

至於為甚麼要這樣做，阿香並沒有告訴牛哥，而牛哥也沒有問，只知依言照做。

在距離小酒店不遠的地方有一個華人開辦的賭場，牛哥是知道的，當下牛哥便打着雨傘，直向賭場走去。

到了賭場門口，牛哥果然見有「門口土地」之設，他依照阿香的吩咐，先收起雨傘，然後進入賭場。

這時，他聽見阿香在他耳邊細語，讚牛哥做得好，並説自己可以出來了，雨傘則暫時可交到衣帽間保管。

牛哥放眼望一下賭場，見有多種賭博，一時間不知去哪張賭桌才是。這時，他又聽見阿香在他耳邊説，左邊有一桌是賭輪盤的，到那邊去吧。

牛哥依言跑到賭輪盤的那一桌賭桌去，人雖不算擠，但所有椅子都為人佔據了，並無空位。

牛哥站在那裏，正想如何找個位置可以下注時，前面坐着的一位洋漢，突然好像身上奇癢的樣子，東搔西搔，終於忍不住把籌碼兑現，然後一支箭似的向洗手間跑去。留下來的空位，牛哥自然順理成章的坐下去了。那洋漢的感到奇癢和出現怪動作，牛哥心知肚明是阿香攪鬼的。接着，牛哥聽到阿香在耳邊説：「兑好籌碼，快開始了，你一定要信邪！」

等待天赦

不久，牛哥聽到阿香在耳邊説，由這次開始，將會連開兩次廿五號的號碼。並吩咐牛哥把一百元籌碼放到賭桌上的廿五號處，中了後不要取回，求一個孖寶。

牛哥依言把一百元籌碼放在廿五號的位置，果然，那顆鐵珠滾呀滾的終於滾落廿五號的號碼中。牛哥贏了，但為了求取孖寶，當然讓贏來的籌碼繼續留在廿五號的位置上。荷官不斷按鐘示意截止下注時間已到時，牛哥緊張得手心也在出汗。

説出奇怪，那顆鐵珠在跌落輪盤中時，彈呀彈的終於又彈入廿五號的那一格中，牛哥簡直看得呆了，覺得這世上確有神差鬼遣之事。

一個孖寶，牛哥已贏得超過十萬元。這時阿香又在細聲的吩咐牛哥，隨便的下注輸回一些，留個十萬元整數回去便是。

牛哥自是依言照做了，把籌碼兑得現金後，即到衣帽間取回雨傘，匆匆的返回酒店去，阿香自然也是依附着他一同回去。

返到酒店房間，阿香再度現形，牛哥這時看清楚阿香的面貌，覺得她實在眉清目秀，短短的秀髮配着鵝蛋形的臉形，面色雖帶青白，但看得出她生前是一個美人兒。

牛哥望着阿香，雖然人鬼殊途，但覺得一點恐怖感也沒有。

終於牛哥問阿香，甚麼時候掘出她的骨殖去火化最為適宜。而阿香亦好像早已成竹在胸，她對牛哥説，明日日值「空亡」，頗為不宜，後天日子亦不吉，反正等了這麼多年，也不在乎多等幾天，她要牛哥在三天後「天赦」的日子裏，替她辦理那些事。

阿香接着對牛哥説這兩天她不會再來見他，希望他趁這兩天時間先辦理妥一切要辦之事。阿香離去後，牛哥一心在等待三天後「天赦」的日子，但在這段期間中，他不知怎的好像常在想念阿香。

返回故里

好不容易等到日值「天赦」，那天晚上牛哥就攜同鐵鏟和一個黑布袋，靜悄悄的跑到酒店後院那棵橡樹旁，挖掘阿香的骸骨。

阿香的骸骨葬得並不深，牛哥不一刻就已全部挖出來了，匆匆的放入黑布袋帶回房間去，等待翌日拿去火化。不知是否阿香在暗中協助，牛哥處理阿香骸骨的工作，進行得十分順利。

牛哥用一個小小的瓷罎，盛着阿香的骨灰帶回香港去。

牛哥在香港是住在公司宿舍裏，那天夜航回到香港，甫入宿舍放下行李，放好阿香的骨灰罎在書桌上，阿香已經出現在牛哥面前。她對牛哥說，她有點要緊的事要出去辦，可能要數天才能回來，說罷就消失了蹤影。

牛哥知道阿香是趕着去調查仇人阿康的下落和找尋報仇機會，只是沒有說出來而已！

阿香一去多天，牛哥每天照常上班，只是閒暇來的時候又不期然會想起阿香，他自己也不知道是甚麼緣故。

有一夜，時正夜深，牛哥在牀上半卧半坐的看小說，忽然阿香出現了。

牛哥對阿香，這時不單只一點恐怖感也沒有，更如久別重逢的老朋友那樣，心中有一陣莫名的喜悅！

牛哥連忙問阿香是否已找到阿康和報了仇？

阿香輕輕的嘆口氣說，阿康是找到了，只是他目前已十分潦倒，再加上疾病纏身，看來這是他過去多行不義的報應。

阿香說，因果循環，肯定是有的，只是看來得早還是來得遲而已！她想不到阿康之報應來得這麼速，所以，她覺得已不需自己下手報仇，讓阿康自生自滅，自食其果，已夠他受了。

最後阿香說，目前餘下來的事，就是要報答牛哥千里帶她回來之恩。

送入道庵

阿香與牛哥，已到達了無事不可談的階段，每次相聚，幾乎都忘記了大家有陰陽之隔。

阿香對牛哥說，上次在賭場贏回來的錢，她知道花去並不多，而自己的骨灰罏，就那麼放在牛哥宿舍書桌上，亦不方便。所以建議牛哥花多少錢把她的骨灰罏送入附近的道庵。餘下來的錢，牛哥可以用來做些生意，自立門戶，總勝於長期寄人籬下。

牛哥言聽計從，把阿香的骨灰罎送到附近的一間道庵供奉。自己有暇時就去上香，有如去探訪老朋友那樣。

一切辦妥後，餘下來還有數萬元，牛哥果真開始籌備自己做生意，以及辭職搬出宿舍另找地方居住。

在當年，數萬元已不算是一個小數目，牛哥就利用這點本錢來開設了一間小食肆，只是開業後生意一直不如理想。一天晚上，牛哥在家裏正感到悶悶不樂時，阿香突然出現了。牛哥便把自己生意不佳之事告訴阿香，看阿香有甚麼方法可以幫助他。

這時，牛哥突然想到，自己在外國的賭場，曾獲阿香之協助而贏得大錢，而此地，亦有地下賭場和馬場等，自己童年時亦曾替鄧大叔與父親向鬼神求取貼士。現在阿香既與自己如此友好，求阿香在這方面協助，豈不比做生意更易發財。

不料阿香臉色凝重的對牛哥說，過去在賭場贏錢之事，最好不要再提了，此種事情，可一不可再，到底是屬於利用天機奪人之財也！阿香最後建議牛哥帶她到食肆去，讓她看看有甚麼可行的辦法。牛哥仍用老方法持一把傘子讓阿香依附着前去。到了食肆，牛哥輕聲的對着傘子說：「阿香，到了。」

不一刻，牛哥聽到阿香好像對他說話那樣，只有牛哥一個人聽到，阿香說：「這間店鋪風水有誤，難怪你覺得經營困難，我現在教你一法，可以起死回生！」

轉弱為旺

阿香教牛哥把店鋪的門從右方改去左方，並在屋尾之處加一把抽氣扇。牛哥半信半疑的問阿香：「這真的可使生意旺起來嗎？」

阿香以堅定的語氣說：「你且試試看，見效很快的，七天之後即有轉機。」

牛哥聽阿香這麼說，自然就依照她的指示，把店鋪大門從右方改去左方，屋尾加裝一把抽氣扇。

說也奇怪，七天後，牛哥店鋪的生意果然一天比一天旺起來，漸漸的由虧本變為賺錢。

現在回頭說一下風水之道，所謂「氣口司一宅之樞」，大門所在的位置，在風水學上來說是十分重要的。

阿香教牛哥改門，就是要把弱門改為旺門。而屋後安裝抽氣扇，在風水學上亦有道理的，那就是動「生氣」之位，牛哥的店鋪「生氣」之位適在屋尾，所以阿香教他在那裏裝一把抽氣扇。

阿香是否真懂風水學固然無從知道，但她可能明白旺弱之樞紐所在，因而解拆的方法亦異途同歸。

牛哥的生意一天比一天好。不出數年，分店也開了多間，再加上與朋友合作經營其他事業亦賺錢，買屋炒地皮等亦賺錢，到這時候，牛哥已相當富有了。

在這幾年中，牛哥一遇到甚麼困難，就走去道庵阿香靈位處上香，隨後阿香就會與他見面，代他解決遇到的疑難問題。因此，牛哥的成功，阿香的助力可說極大。

只是牛哥事業雖然成功，年齡亦已三十出頭，但仍是孤家寡人一個，連一個要好的女朋友也沒有，有的只是阿香這個陰陽阻隔的紅顏知己。

不知內幕的人，自然覺得奇怪。但牛哥自知有缺陷，隱私之事不輕易對人言，固亦常情。

不料，有一夜，阿香卻直接道出了牛哥的秘密和心事！

感懷身世

那天晚上，風雨交加，牛哥在計算完各店的月來收入，疲倦的靠在牀上假寐，突然間燈光明滅了幾下，阿香出現了。

阿香看來滿懷心事，似有很多話要對牛哥說。

終於，阿香開腔了。阿香說，她寄居在道庵，很感寂寞，因為同屋人，大多年紀比她大許多的，所以，沒有甚麼談得來的朋友，一有機會就想來看牛哥。阿香又說，自己由於是自殺死的，所以不容易獲得轉世。到現在，她才知道寂寞的痛苦，生前既未訂終身，死後自亦無緣再找新伴侶了！

牛哥聽阿香在感懷身世，一時間也不知道如何去安慰她。

阿香忽然十分認真的正視着牛哥，然後對牛哥說：「我們之間可說是衝破陰陽阻隔的好朋友，所以我不怕洩露天機的對你說一些有關你命運的真相。」

她指出牛哥的相貌，頭圓而頂平方，富固可求，只是「地閣」短，所以不會長壽，加上「人中」平淺和有痣，看來子嗣難求，唯相由心生，亦未必全無補救之道。

她勸牛哥先脫了「人中」上的痣，然後多行善事，希望憑藉積德來改變命運。而使到牛哥最信服的，是阿香竟然指牛哥在生理上有問題。牛哥童年時在墳場上跌一跤傷及要害，這事阿香應該是不知道的。

阿香最後說她一定會治好牛哥的缺陷，隨着就離去了。

牛哥果也聽阿香的話，翌日立即去找人脫去「人中」上的痣。至於多行善事，他知道是不可刻意而為的，要看機會。因為刻意去做善事，效果雖有，但不會很大。

轉眼過了半個月，這半個月阿香一直沒有出現過。牛哥正在感到奇怪的時候，又是一晚風雨之夜，牛哥正準備上牀睡覺時，卻見到了阿香手執一些如樹葉的東西在微笑。

治癒隱疾

阿香把一些好像樹葉的東西遞給牛哥，牛哥不知那是甚麼葉和有甚麼作用，只覺得那些葉的形狀頗為奇怪，形如兩個卵子結合在一起。

阿香對牛哥說，不要以為那是甚麼樹葉，那是一種很特別的草藥，她是經過很辛苦才找到的。

她隨着教牛哥把那些葉分為五份，配合中藥淫羊藿一同煎服，並說服過五次後，自有奇效。

牛哥對阿香早已十分信任，自然依照她的吩咐去服藥。說也奇怪，牛哥每服一次藥，就感到自己增加了一分男子氣概，到服完五次藥，他覺得自己確是奇蹟地復元了，完全回復了壯年男子應有的生機，同時也自覺對女性的興趣增加了。

以紫微斗數來說，這是咸池星的威力也！此後阿香每次的出現，都抿嘴而笑，似是知道自己治療牛哥的隱疾成功。

而牛哥亦聽從阿香的指示多做善事，每遇鄰里有困難，他都十分樂意加以援手。

光陰荏苒，轉眼又過了半年，又是一個風雨交加之夜，牛哥也是在準備上牀之時見到阿香出現。

阿香這次也是手持一些類似樹葉的東西，同樣對牛哥說是草藥，要牛哥加一些墨魚骨一同煎服，也是分五次服用。

牛哥好奇的問這些藥又是作甚麼用？阿香只是笑而不答，只勸牛哥依照她的吩咐去做，並說服後對他有一定的好處。

假若換過別人要牛哥服一些不明所以的藥，更不知那些藥有甚麼用途的，牛哥一定不肯服用。只是牛哥對阿香，是絕對的信任，而且阿香亦幫過他很大的忙，他知道阿香決不會害他的。

所以，牛哥雖然覺得阿香這次的行徑略為奇怪，也照她的意思去服藥。而牛哥服過五次藥後，所得到的後果，卻非事前所預料到的！

下海救人

原來阿香要牛哥服的藥，是治療「陰陽眼」的，阿香認為牛哥經常看到魑魅魍魎的東西，無疑是一種虐待，所以要想辦法把他治好。

果然，牛哥服了五次藥後，再也看不到以前經常看到的鬼物。

只是，牛哥同樣看不到阿香，阿香每次來找他，他也只是聽到她的聲音而已。

時間過得很快，轉眼又過了一年，在這一年中，牛哥聽從阿香的吩咐，不斷的多做善事，不斷的幫助窮困的人。

一夜，牛哥工作至深夜回家，路經海旁，在微弱燈光下見一女子伏在欄杆上飲泣，突然縱身一躍跳下海中。牛哥知她是自殺，急急的亦縱身下海相救。

時已深夜，附近並無行人，牛哥把那女子救上岸，在月色中見她容貌娟好，但眉心鬱鎖，肯定心中有不可解之結。由於牛哥下海救她時間來得極快，所以，把她救上岸後，不一刻已完全復元過來，只是衣服盡濕而已！

牛哥很自然的就問那女子為何深夜跑來這裏輕生？

那女子抹一下口角的海水，橫眼的望一下牛哥，好像在怪牛哥多管閒事把她救起來的意思，然後說出自己的姓名和自殺的原因。

那女子說她叫阿萍，任職於一間工廠為會計員，母親早逝，父女相依為命，日前父親病重，花了不少的醫藥費。她為了救父親，便不斷向人借了不少錢，而且利息都是很高的。只是，藥石無靈，無法救回父親一命，而自己卻負了一筆債，目前被人追得極急，故在絕望之下走上輕生之路。

牛哥聽她這麼說，覺得阿萍着實是一名孝女，便好言安慰她，說甚麼困難的事都有解決辦法的，何必輕生。便問阿萍住在何處，準備送她回去再說。

不料阿萍卻說：「我是不能回去的！」

不欺暗室

阿萍說出她家裏附近有債主埋伏，只要她一回去，今夜一定會不由分說的把她扣押起來，因為她實在已推無可推了！

牛哥望着阿萍，覺她怪可憐的，好一會不知說甚麼才好。

突然間牛哥覺得一陣的涼意，到這時才發覺自己衣衫盡濕，同時見到阿萍雙手在胸前抱着自己身體的姿勢，知道她也感到涼意。

終於，牛哥建議阿萍到自己家裏去，換過濕的衣服再說。

阿萍低頭不語，顯出無可無不可的態度。最後，還是緩緩的站起身來，牛哥知她願意跟他回去了，便走在前面領路。返到家裏，牛哥拿出自己的睡衣給阿萍，囑她先去洗個熱水浴，並說：「睡衣雖屬男裝，但你暫時穿着亦無妨。」

阿萍依言拿着睡衣走到浴室去洗澡，牛哥則走進睡房去換衣服和擦乾身體。

不一刻，牛哥聽見浴室門響，知阿萍洗完澡出來。

這時，牛哥突然好像聽見有人在他耳邊説：「孤男寡女，共處一室，時值深夜，正是大好機會也。」

接着，又聽見有人在他耳邊説：「還不出去擁抱她，親親她，千載一刻的機會，保證你可成其好事也。」牛哥這時耐不住了，便回頭向空中十分認真的説：「大丈夫光明磊落，不欺暗室。是誰教人做這些失德之事，出來讓我教訓他一頓。」

這時，聲音換回牛哥十分熟悉的聲音，是阿香的聲音也，阿香在牛哥耳邊笑語道：「你果然是君子，不欺暗室，不乘人之危，應記一功。」

然後，阿香突然的對牛哥説：「你的相貌好像有了改變，不要動，讓我看清楚點。」

隨着，阿香説：「相由心生，果非虛語，現在看你的眼底下，已出現了陰騭紋，看來已補救壽短的問題了！」

積德延壽

中國人自古以來，都相信積德可以延壽，而事實亦每多如此。

阿香最後對牛哥說，她對牛哥今後的命運，已具極大的信心，幾可預知他不久將結婚生子，子女既可光門楣，而自己亦可享高壽。

接着她黯然的說，她與牛哥的緣份，亦告一段落了，今後可能難再相見。

牛哥追問為何會如此時，阿香的聲音已完全消失在空中，牛哥再三追問，亦不見回答？

牛哥接着走出客廳，對阿萍說，時已深夜，不要想那麼多，好好睡一覺明天再打算。便帶阿萍走到另一客房，着她暫時住在那裏。

一宵無話，翌日早晨，牛哥起牀時，已見阿萍坐在客廳梳化上，顯見昨夜她無法睡得穩。

牛哥漱洗後，便開始與阿萍談她切身的問題，了解她實際欠下多少債務。

最後，牛哥決定替阿萍先還卻所有債務，並讓阿萍在自己的一間分店中工作，慢慢在她的薪酬扣回替她所付的錢。

對於牛哥的全力幫助，阿萍自然感恩不淺。覺得牛哥確是好人，自然全心全力的為牛哥工作。

而牛哥一方面既幫助了人，另一方面又得到一位好助手。

時間過得很快，轉眼又過了半年，這半年內，阿香完全沒有出現過，牛哥不期然很想念她，亦曾跑到道庵她的靈位處上香，希望阿香出來與他會面一次，但每次都無效。甚至有一次故意的説有極重要的事要她幫忙，過去這方法十分靈驗的，但同樣無效。阿香始終沒有出來與他會面或談話。

牛哥為此事一直若有所失，但又不知如何才可再與阿香聯絡。

有一天，牛哥到阿萍任職的分店去，見一女子與阿萍談話，從她的背影看去，極似阿香，牛哥不期然大感奇怪。

疑幻疑真

牛哥故意跑到阿萍身旁，目的在看清楚那個背影看來極似阿香的女子。不料不看猶可，一看之下，使到牛哥驚愕不已，原來那女子連外貌也十分似阿香，只是面色較阿香為紅潤。

牛哥心想，就算阿香轉世，也沒有如此快的。

正驚疑間，阿萍替牛哥介紹，說那是剛從大陸出來的表妹，名字叫阿秀。

牛哥一下子說不出話來，為甚麼連名字也如此相似的，一個叫阿香、一個叫阿秀。

阿萍接着說，阿秀來找她，希望她能安置她及給她找份工作。

阿萍由於牛哥已替她償還所有債務，所以搬回昔日的地方居住，暫時讓阿秀來擠在一起住也不成問題。只是代她找工作之事，自己就毫無把握，希望牛哥能幫助！

牛哥見阿萍這麼說，一下子就滿口答應安置阿秀在自己的另一分店工作，職位是接待員，並說她隨時可以上班。阿秀聽牛哥這麼說，自然滿心歡喜，連聲的說謝謝。

牛哥聽阿秀開腔說話，連語調也似阿香，更使他感到奇怪。

阿秀自從在牛哥的分店工作後，十分勤快，客緣亦好，牛哥常到店裏去看她，而每次見到她時，都不期然想起阿香。

而牛哥在這段期間，亦曾多次到道庵阿香的靈位處上香，希望阿香出來見見他。但情形與阿萍出現之後一樣，全無反應。漸漸，牛哥與阿秀熟落了，開始約阿秀出外，阿秀對牛哥亦似有特殊好感，不知道是不是她感激牛哥照顧她，每次牛哥約她出外，她都極少拒絕的。

而牛哥每次與阿秀出外，都同樣想到阿香。但很多時使到牛哥無法釋懷的，是阿秀的表現，有時似乎知道牛哥的事甚多，但有時又似一無所知似的。

直到有一天，阿秀說了一句話，使到牛哥一直疑幻疑真。

好報善終

那天，阿秀在伏案寫信，牛哥適好來到，阿秀突然回頭問牛哥，「體育」的「體」字怎麼寫，並說只知是「骨」字邊。這一問，卻使牛哥頓然想起當年算鐵板神數時，曾有「體之半；福之源」的句子，當日不知何解。到現在，牛哥當然一切都明白過來了，體字的一半就是骨字，當日若非好心發掘阿香的骨殖，隨而火化後帶回香港，則自己能否有今日之成就亦大有疑問，所以說是「福之源」是甚對的。

而阿香既協助牛哥發達，又治好牛哥的隱疾和陰陽眼，最後功成身退，亦正合「一字記之曰香，情義比金堅」，但如何「斷不得」呢？牛哥當然捨不得斷的，但不斷又似斷了。唯一尚可說維繫着而未斷的，是牛哥仍常到道庵阿香靈位處上香，希望她能再現身相聚！

牛哥與阿秀的感情，日有進展，最後終於結婚了。翌年，阿秀更為牛哥添了一名男孩，牛哥自然喜不自勝，彌月之日更大排筵席。

再過幾年，阿秀再為牛哥添了一女，這時牛哥便有一子一女，湊成個好字，牛哥自然心滿意足了。再加上幾年間牛哥的生意日有進展，人在中年已面團團作富翁矣。

而牛哥眼底的陰騭紋，果也補償了「地閣」短的問題，到古稀之年才無疾而終。這個故事，充份說明一個人只要心地善良，鬼實在是並不可怕的。牛哥因為還了阿香的心願，把她的骨灰帶回故里，從而日後得到阿香處處的協助，把一生的命運都改變了過來。

本來無子的變成有一子一女，本來壽促的卻可登高壽。

甚至牛哥娶得阿秀，也似是幕後有人安排似的。而更離奇的是，阿香功成身退之後，出現的阿秀，容貌既似阿香，對牛哥過去的事，也似是知道的，這才叫人奇怪。

正是野墳螢火，因果相纏，豈盡屬恐怖之事！

變的範圍

一個人的命運，是否可以改變？不少人問過我這個問題。以我個人研究術數多年所得的經驗，一個人的命運，在大方向和大前提方面是無法改變，能變的都是小枝節而已。舉例來說，如天機星化忌守父母宮的人，多是「早離父母」。但「早離父母」也分有多種情況，既有因家庭問題寄居他人籬下，亦有較幸福的是少年即已出洋留學。天機星化忌如不會照煞星，守父母宮時是代表父母的擔心。兒女年輕時即託人代養固然擔心，兒女尚屬童年即已出國讀書，父母又何嘗不擔心，所以境況雖然大異，但擔心者則如一也！而在大方向和大前提上，他們都是「早離父母」。當然要鑑定他們的「早離父母」是寄人籬下由他人代養，還是出洋讀書，這就要業術數有一定的功力才可能鑑定出來。而這方面，鐵板神數最為拿手，最主要原因並非鐵板神數高於紫微斗數，而是因為鐵板神數是可考一時八刻，在「考」的時候就一定可以「考」出來。

又如「紫微星」與「破軍星」同守「事業宮」，多主事業變動。但事業變動也分有很多種情況，如受薪階級則惡劣的是被辭退，較緩和的是自動辭職，或另謀高就，最輕和無傷大雅的甚至僅是調職或職務雖同而調到別處工作。當然，其中是屬於哪一種情況，從「奴僕宮」中可獲得很大的啓示，只是無論如何，亦脱離不了「事業變動」的大方向。看「事業宮」必須兼看「奴僕宮」，事業有變動而「奴僕宮」吉，則多主調職；反之如「奴僕宮」凶的話，則多主離職甚至賓主不歡而散。所以，同樣研究斗數，有人僅能看到大方向之轉變，有人能細緻的看出如何轉變，當然更有人甚麼都看不出來，這自然是低手中之低手矣！但無論如何轉變，它都會有一個可變的範圍，一個可能變的規限，不可脱出範圍內的框框。

天命所限

從相學上來説，所謂「相由心生」，其實也是説命運可以改變。但同樣，也有一個變的規限，脱不出範圍內的框框。如牛哥的故事，阿香説牛哥的「地閣」短，所以可能短壽，這只是從相學的一個部位來看，若兼看其他部位，則他可能本來就不短壽的，只是晚年為了確定其壽元，才有陰騭紋之出現。一個人的相，會隨着年紀改變，是一點也不出奇的，如一般人年輕時，兩頰的「虎耳」部位多較削，中年後較為肥胖了，這兩個部位也會跟着脹起來。「虎耳」的部位是主五十八歲及五十九歲的運氣的，所以替少年看相，憑他當時的「虎耳」情況來推斷五十八、九歲時情況如何，每多失誤。原因就是它會變，當然它亦有一個變的規限。再如面上的紋或毛等，有些是早出不好而晚出才好的，這無疑也是在配合着命運的改變。信術數和研究術數的人，是相信「宿命論」的，相學方面的改變，只是配合他的命運而已！而在「宿命」之中，同樣是大方向無可改變，能變的也是細節方面而已！有人問，如果精通「風水學」又如何？其實這個問題我在《天網搜奇錄》中經已提過的，在術數中有所謂「天命所限」這回事，也就是同樣說只能有一個很小的可變度。舉例來說，有一位朋友，他運程雖好但在七運期間有兩年的流年都有很大的瑕疵。而他所住的房子則風水甚好，那如何解釋？他住的房子是七運卯酉向，走乾宮門，是為「到山到向」兼得「生氣」旺門，然而當年「二黑」到中變成「三碧」到門，再加上遇到艮方動土，麻煩自多。那麼再過一年呢？再過一年是「一白」到中，「二黑」到門，同樣有所阻礙。若懂解拆，亦是小變而已。在你打通「五術」的各個關口後，走到一個新天地時，你會覺得「天命不可違」，能改變的是極少極少而已。

運程左右

再如牛哥的故事，他似是因為做了好心和幫助了一個女鬼，把她的骨灰帶回故里，因而把命運改變過來。其實，他的命運本來就是循這方向走的，女鬼的故事只不過增添他命運過程中的一些枝葉而已。再說得玄一些，甚至說女鬼的出現也是注定的！至於《玄空秘旨》所說的「人為天地之心，凶吉原堪自主」，無疑是略為誇大了玄空學的力量。一般對玄空學有研究和付諸多年實踐的人都會知道，儘管你有名家指點甚或你自己也懂玄空，但能找到好風水的房子是既講緣份也講運道，如果兩者皆欠的話，則縱使找到極好風水的房子，在你一搬進去後它的外圍環境就會改變，懂風水學的人自然會為之氣結，而不懂風水學的人就可能怪責風水先生之欠缺功力。當然，玄空學有它一定的力量和積極意義，但它能活動的範圍，也是在一個人的範圍內的。甚至你能請到一位有功力的名家來替你看風水，也可說是你的運道。因為，目前濫竽充數的風水先生實在太多了。親眼見過有自認懂風水和吹噓自己玄空學如何了得的人，自己開設的店子，也犯了風水學上的大忌，生意無論如何吹噓也無法走上軌道。我曾與一名風水名家到過那店子，名家看了直是搖頭，他知我也看出其錯誤之處，但他勸我切莫寫出來，如何可扭轉乾坤更不可說。名家所持的道理是，店子的主人既自認懂得玄空學，犯下這樣的大錯有兩個可能。第一是他根本不懂風水學，第二他的運程不濟。屬於前者是無可救藥，你教他只有引起是非；若屬於後者原因，則我們更不宜主動左右他的運程，而且亦可能左右不來。若他肯謙虛求教他人，則他的運程一定已非如此不濟。大方向無可改變，小枝節的變則每多極精彩的故事，甚至使人誤為把命運改變了過來。

第六章

掌相傳奇

司機故事

五十年代初期，香港仍然有頗多戰前建成的舊樓，拆建之風由那時起慢慢掀起。主因是一九四九年中共建國初期，大量的大陸人民湧來香港，形成香港人多屋少，致不少人居住環境十分惡劣！一屋數伙，十分常見。

葉箕裘，人稱阿裘，台山人，父為名醫，在鄉間擁有藥店，薄有資產。阿裘出生時，其父親大概希望兒子能繼承他的事業，所以取名「箕裘」，大有「克紹箕裘」的意思。但人算不如天算，阿裘並無這方面的資質，只對機械的東西有興趣。因此，讀完中學後，他就到廣州去進修機械工程，畢業後就在廣州的一間汽車廠任職。

一九四九年時，阿裘就隨着數位朋友一同來到香港。人生路不熟，初到香港時，一切從頭做起，自然十分困難。那個時候香港的工廠不多，就業機會亦不如今日之容易。阿裘幾經辛苦，終於給他考到一個的士司機牌，任職的士司機，生活問題才解決了。

以阿裘的個性，本來是對算命看相等事都無興趣的，當然亦不信。但有一天，他在大牌檔喝茶時，聽同座的幾位司機說起看相算命之事，其中一位司機阿蘇說他日前去找一位姓陳的相士看了一次掌相，繪影繪聲的說靈驗的程度實在嚇人也。同座的幾位司機聽了都躍躍欲試，央阿蘇告訴他們地址。阿裘只是聽，並不如其他幾位司機那樣熱衷於去嘗試。但一位與阿裘頗談得來的司機小張，力邀阿裘一同去，阿裘在無可無不可的情況下，也順順小張意，結果大夥兒約好了日子一同去看掌相。到了約定的日期，小張與阿裘都提早收工，只是其他幾位司機卻臨時失約，沒有到約定的地點齊集，結果就只有小張與阿裘同去。那位姓陳的相士是在大笪地開檔的，小張要阿裘先看，阿裘只有端坐那裏任那相士端詳，相士第一句說話，已使阿裘暗暗吃驚。

掌相傳奇

相士對阿裘說，從他的面相，可以看出他有二母。阿裘聞言已經一愕，接着相士又說他有祖業有如沒有祖業，因為縱有亦無法承受也，並指出他離鄉別井的年歲和一些少人知的事，使阿裘心服口服。最後相士說了一句話，使阿裘無論如何也無法相信的，是他說從阿裘的掌紋，在左手掌無名指下，感情線與理智線之間，有一個若隱若現的十字，說他日後有機會成為掌相或術數的名家，由於是若隱若現，所以可能出名一段時間後就會沒落，隨後自然銷聲匿跡。

阿裘心想，自己一生從未接觸過玄學之事，說到看相，這還是第一回，說自己會變成掌相或術數的名師，則打死也叫人難以相信。

相士見阿裘一臉懷疑的神情，便再十分肯定的說：「再過幾年，你可能比我更為出名，不信可拭目以待。」

這是未來之事，阿裘自然無法與相士再爭辯，只有付過相金，讓位給小張看。

相士對小張的過去，同樣看得十分準確，未來的自然有待印證，但小張已直認那位相士是生神仙了。

當晚，阿裘與小張晚飯時，再提起日間看相之事，同樣的都認為那相士對他們兩人過去之事看得十分準確。只是阿裘一再表示自己無可能會是有名氣的相士或術數名家，因為自己的興趣既不在這方面，亦從未接觸過有關玄學的書籍，有甚麼可能會忽然懂得看相和算命的呢？

小張聽了也點頭稱是，但說有時命運似是會捉弄人的。

小張說得一點也不錯，有時命運之事，確是與人開玩笑似的。

瞬間過了大約半年，阿裘對看相之事漸已忘卻了。

時值嚴冬，一天晚上，天氣特別冷，街上行人稀少，阿裘駕車經過跑馬地，見一身穿白長衫的老人迎風而立，舉手截車。

夜載老人

阿裘覺得有點出奇，老人家為甚麼在這麼冷的天氣、這麼晚還在街上走，而且還穿着白色的衣服。

正思索間，阿裘已把車子停在老人家身旁，打開後座車門讓那老人上車。老人上車後，即吩咐阿裘載他到灣仔一條橫街某號。

阿裘依言駛到老人所說的地址，老人下車時在身上摸索一番，然後靦腆的對阿裘說，原來忘了帶銀包。老人對阿裘說：「我就住在這兒二樓，你等我一下，我馬上拿錢下來給你。」

阿裘無可奈何，唯有開車門讓老人下車，在車上目送他沿樓梯拾級而上。老人上了樓之後，阿裘在車上等他，足足等了近半小時，仍未見老人拿錢下來。

終於，阿裘耐不住性子，熄了汽車引擎，拿着車匙走上二樓去找那老人。那是一幢很舊的戰前樓宇，樓梯只有一盞甚暗的燈照明，阿裘上到二樓後，站在門口找了一會，才在暗角處找到門鈴。阿裘按門鈴也按了多下，才有人來應門。

聽聲音來應門的是一位女性，嘀咕着說這麼晚了還有人來找誰。

門開啓了，果然是一位婦人，年約三十餘歲，身披睡袍，面有慍色的問阿裘來找誰人。

阿裘帶着幾分歉意詳細的對那婦人說，剛才有一白衣老人，乘他的的士回來，下車時才發覺忘記帶銀包，隨着說上樓拿錢下來給他，結果讓他在樓下的車上等了近半個小時，依然不見蹤影，所以才不得不登門一看究竟。

不料那婦人說：「我們家裏的人很早已上牀睡覺，今夜亦無人外出，看來是你弄錯了。」

但阿裘對那婦人說，那老人下車時明明是說住在這裏的。

就在婦人打算關門時，阿裘卻突然發現屋內廳中懸有一幀頗大的照片，相中人就是剛才搭車的老人！

強調非鬼

阿裘急急的指着廳中的照片對那婦人說：「剛才搭我車的就是他了。」不料，那婦人的答話，使阿裘毛骨悚然，急急的飛奔下樓。

原來那婦人說：「相片中的老人，是我的家翁，已去世多年了！」

阿裘走到樓下，正想開車離去，卻發現那白衣老人站在車前，微笑的示意阿裘不要開車，然後走到車門側，手裏拿着鈔票遞給阿裘，說那是車資。

阿裘一時間呆着，有點不知如何是好。

那老人看出阿裘的心態，慢慢的開了後座的車門，走入車廂裏坐下，然後對阿裘說：「外邊太冷了，讓我進來才慢慢對你說吧。」

那老人直指阿裘誤以為他是鬼，並說過去亦有多人誤會過。他說樓上住戶客廳所懸的照片，相中人是他的孖生哥哥，並不是他。至於應門的婦人，是他哥哥的媳婦，為人十分鹵莽，希望阿裘不要介意，更不要誤會他是鬼。

阿裘回過頭來看真那老人，見他面色雖白，但倒有一副慈祥的面孔。

那老人再自我介紹說，他本姓李，人人都叫他李伯。他說現年七十多歲，六十歲那年開始喜歡穿白長衫，主因是他認為白色對他吉利，到現在已十多年了，而說也奇怪，他自從經常穿白色的長衫後，連健康也一天比一天好起來，病痛也較前少。

阿裘只是在聽他說話，並無答話。心中仍有點惴惴不安。

這位自稱李伯的人，一再強調自己不是鬼，但也看出阿裘仍然半信半疑。

最後李伯說：「這麼吧，我教你一個判別人與鬼的方法。」

李伯正要說下去時，卻突然的十分仔細的端詳阿裘的相貌，然後說了一句使阿裘大感愕然的說話，他說：「看來你家山風水，不出名醫就會出名星相家。」

檢查鈔票

李伯繼續說，從你兩邊額角「丘陵」與「塚墓」兩個部位來看，肌理特殊，是主家山風水會出傑出的醫卜星相之人。

「丘陵」與「塚墓」這兩個部位，雖然可以看出一個人的家山風水好與壞，但能看到會出醫卜星相之名人，則非有特殊的功力不易看出來，如李伯者，屬能人矣。

阿裘聽李伯這麼說，心中更為納悶，日前看相，相士說他會成為掌相名家，實在太巧合了？

李伯再對阿裘說，分別一個人是人是鬼並不困難，第一留心看一下他是否有下頷。說完就自己摸着下頷給阿裘看，意思是說明自己是有下頷的。第二，他說，鬼是最怕見光的，如你懷疑對方是鬼，把車上的燈光開亮不就成了，說完同樣促阿裘把車廂內的燈光開亮，目的是要阿裘相信他不是鬼。

阿裘聽來覺得也有道理，開始減低了對李伯的戒心。

不久，李伯對阿裘說，夜深了，自己也該回去休息了，說完下車離去，回頭對阿裘說後會有期。

阿裘一邊目送李伯沿樓梯拾級而上，一邊啓動引擎。

阿裘在開車離去時，心中在想，難道自己不適合作夜更的司機？記得以前是日更司機時，好像沒有那麼多古怪的事發生。

李伯的事，雖然李伯曾一再詳細的對他解釋，但阿裘心中還是有一層很濃厚的陰影，他始終無法明白在同一條樓梯，自己上樓而李伯下樓時，會相遇不到。

阿裘一邊開車一邊在想，他忽然想起有人對他說過一些鬼故事，說鬼搭車時，明明是給你鈔票，但事後那些鈔票會變作冥鏹的。想到這裏，阿裘急急從懷中摸出一疊鈔票，看看其中有沒有冥鏹。

再遇老人

阿裘在細數當夜營業所得的鈔票，並無發現有冥鏹混雜其中，心中不免在笑自己太多疑心。

阿裘把車駛回車廠交更，找着小張，向他訴説當晚所發生的事。小張也覺得事有蹊蹺，也同意阿裘休息兩天，然後轉作日更司機。

只是不知甚麼原因，阿裘轉作日更司機後，經常好像無法集中精神工作那樣，不時發生一些小意外，如莫名其妙的駛進一些不准駛入的小路等，更多次被巡警截停抄牌。

阿裘發生一連串不如意事件後，以為自己運程當黑。有一次與小張談起時，小張卻認為是可能他曾長時間夜班工作，所以日間工作反而不習慣，勸他改回夜班工作試試。

阿裘果也聽小張的說話，再改回駕駛夜更的士。

說也奇怪，阿裘改回夜班工作，則好像事事順利得多，而駕駛時也能集中精神。

一夜，在凌晨時分，阿裘駕車經過跑馬地時，又再遇到李伯截車。李伯的衣着與上次一模一樣，也是白色長衫。

阿裘故意問李伯去哪裏？李伯同樣說出上次去過的灣仔某街某號。

在行車途中，李伯說很久沒有遇到阿裘了，並十分關心地問阿裘近況如何。阿裘把自己曾改作日更司機及一些不如意的事告訴李伯。李伯聽後便說這是可能他不習慣日間工作而已。但阿裘卻說自己過去亦曾做過一段頗長時間的日更司機，並無近期的現象。

接着阿裘忽然問李伯，為甚麼兩次遇到他，都是在午夜時分和同一地點？

李伯知道阿裘又在懷疑他是鬼，故意的壓低聲線，輕聲的叫阿裘回頭看看他。阿裘在倒後鏡中看到李伯並無異樣，便回頭去看他。

童心未泯

不料，阿裘回頭時，給李伯嚇了一跳，怎麼他的舌頭會長得伸到下頷的？李伯見嚇倒阿裘，便哈哈大笑，原來他把一塑膠舌頭含在口中。他取出塑膠舌頭遞給阿裘，並說阿裘如此膽小，是會常常給人嚇壞的。阿裘這時覺得這位李伯，除了行徑奇怪外，還是一名老頑童。

李伯隨着對阿裘說，他是十分喜歡打麻雀的，常到跑馬地一位朋友家裏打牌，通常午夜時分就散局。並說阿裘兩次遇到他，都是打完牌準備回家。

阿裘隨即以試探的口氣問李伯，是否每夜都到跑馬地朋友家裏打牌的。李伯想了一會才答阿裘說，每週起碼有五晚去跑馬地朋友家打牌，如果阿裘希望見到他的話，大可在午夜時分在遇到他的同一地點等他。過了午夜十二時如果不見他，那就是他那天晚上沒有去打牌。

阿裘隨着又問李伯：「怎麼打完牌之後，每次都沒有人會送你回家的嗎？」阿裘這一問，使李伯當堂無言以對，低首吟哦，阿裘也聽不到他說甚麼。等了一會，李伯才說，與他打牌的人都是住在跑馬地附近，只有自己住得較遠，所以不好意思要人送。

說話間，車子已到李伯要到的地方，這次李伯很順利的從懷中摸出銀包，把車資遞給阿裘，打開車門，對阿裘說一聲「再見」，然後施施然的下車。阿裘並不立刻開車離去，十分留意的望着李伯，看見他沿樓梯拾級而上，直至看不見李伯了，然後開車離去。

阿裘一邊開車時一邊仍在想，這個李伯的行徑確實有點古怪，說他是鬼又不像是鬼，說他是人吧，又太古怪了。阿裘為了好奇，果然依照李伯的說話，於翌晚午夜時分就到上兩次遇到李伯的地方去等他，不料等了近半小時仍不見他出現。接着以後一連去了多晚，仍不見李伯的出現。

探知名字

阿裘到底與小張是老友，一天晚上一同宵夜時，阿裘就把遇到李伯的事一五一十的原原本本的告訴了小張。小張聽罷托腮凝想，忽然想到了一個好主意，他問阿裘是否知道李伯的名字。

阿裘說記得好像他曾經說過，只是忘記了，現在只知他叫李伯。

小張抓抓腦袋，然後對阿裘說，下次有機會見到李伯時，記得再問他的名字。

阿裘唯唯諾諾，但心中在想，自己多天晚上遇不到李伯，是否自己去遲了，李伯搭別人的車走了？

當下心中決定，當晚早一點去等他，且看能否遇到他。

果然，當晚阿裘等到將近午夜零時時分，李伯出現了，同樣是穿着白色的長衫，他見到阿裘在等他，有點如見故人的欣喜。

在車上，阿裘故意問李伯是否回灣仔的家去，李伯有點不大高興的回答說：「這麼晚了，不回家還有甚麼地方去？」

接着阿裘問李伯，這幾天打牌的手風如何？

阿裘這樣問，目的是要知道李伯這幾天去了哪裏。

不料李伯說，他這幾天身體不甚舒服，老骨頭好像有點小毛病，所以沒有去打牌。

阿裘呀的一聲，好像明白了真相似的，這時李伯才知阿裘曾經去等他。

隨着兩人在車上談呀談的，阿裘忽然借了一個機會說起姓名學，便問李伯的名字叫甚麼。

李伯倒也爽快，立即說自己的名字叫做「一言」，取其「一言九鼎」的意思。

阿裘自然大讚這是好名字。不久，車抵灣仔李伯的家門，李伯照樣從懷中摸出銀包，把車資遞給了阿裘，說聲再會便下車了。阿裘目送李伯上樓後，便急急開車回去，連夜找到了小張，告訴他知道李伯的名字，看他有甚麼主意。

墳地搜索

小張附耳對阿裘說了一番話，阿裘覺得也有道理，連連點頭稱是。

原來小張說，如果李伯是鬼的話，那麼他一定是葬在跑馬地墳場裏的，因為阿裘每次遇到他都在跑馬地。接着小張說，鬼只有在黑夜才出來活動的，因為鬼怕光。

阿裘聽小張說到鬼怕光，又似略有所悟似的。

小張接着建議找一個陽光普照的中午，那時候鬼一定不會出來，跑到跑馬地的墳場去，查看那裏的墓碑是否有「李一言」的名字的，那麼就知道李伯是否真的是鬼了！如果墓碑上附有照片的，那就更證據確鑿了。

終於，兩人約定翌日中午時分，如果陽光普照的話立即出動。

翌日中午，果然一片晴朗，陽光普照，阿裘與小張便真的一同跑到跑馬地的墳地去，分頭去察看所有的墓牌，看有沒有「李一言」的名字者。

結果兩人找了一個下午，找到筋疲力倦，都沒有發現他們想要發現的李一言墓碑。到底這是小張出的主意，所以小張便對阿裘說，李伯未必是鬼，極可能是阿裘疑心生暗鬼而已！而阿裘只是默不作聲，也沒有與小張爭辯。

當夜，阿裘到接近午夜零時時分，又再故意駕車到跑馬地，且看能否遇到李伯。

果然，在過去阿裘遇見李伯的地方，又見李伯出現，同樣穿着白色的長衫。

李伯上車後，不斷在掐指計算，似是在算命又似是有疑難待解決。

阿裘回頭望望他，李伯突然的叫阿裘把車駛到一旁停下，然後對阿裘說，他覺得他的氣色有異，要阿裘亮起車廂內的燈給他看清楚。

李伯細意端詳了阿裘一會，然後對阿裘說：「不出百日之內，你會有難！」阿裘給嚇一跳，忙問：是甚麼災難？是否足以致命？又如何會知道的？

贈符護身

李伯隨着把一張摺成三角形的黃紙，說是一種逢凶化吉的符籙送給阿裘，要阿裘隨身袋着。

接着李伯又對阿裘說，日後如有重要的事要找他，就把那道符籙燒了，然後隨便摘塊樹葉插在梯間的信箱，他自然獲得信息，午夜零時大家就可在樓下相見。

阿裘心中想，實際是燒了符籙他已獲得信息，還是插塊樹葉在梯間信箱他才獲得信息呢？後者是否他在故弄玄虛呢？

李伯又對阿裘說，他對術數和掌相學是素有研究的，也懂得茅山之術，希望阿裘真的相信他。

阿裘點頭稱是，不久車到李伯平日下車的地方。李伯下車時，再三叮囑阿裘要記得他的說話。

當夜阿裘收工回家後，一夜難以成眠，真的擔心自己百日之內有甚麼災難。

但日子過得很快，轉眼過了兩個月，阿裘都平安無事，警戒之心漸漸減弱。只是此事他一直只放在心裏，並沒有告訴任何人。

所謂「劫數難逃」，有時似是注定了的。有一日，阿裘與平日一樣，在下午時候開始去取車開工，此日生意奇淡，在市區轉來轉去，都只是做一些短程客的生意，收入自然不多。阿裘忽然心想，何不到半山去走一趟，或者可把運氣轉過來。

主意既定，阿裘果然把車子駛到半山區去，但生意仍然很弱。終於阿裘還是決定把車子駛回中區，不料，禍事就在這時候發生了。

阿裘的車子在一道長長的斜坡駛下時，突然腳掣失靈，車子直衝而下，阿裘急急拉手掣，但手掣亦似乎失效，車子等於加速的向斜坡直衝而下，眼看要釀出大禍，千鈞一髮之時，阿裘把心一橫，把車子駛上行人路，利用車身擦過一邊的英泥石牆來減速，使車停下。

似是仙人

當時阿裘的汽車失事，如果直衝到馬路中心十字路口，後果不堪想像；又若斜坡的兩旁為商店，亦必定釀成多人死傷的慘劇。現在阿裘利用汽車車身擦向英泥石牆來減速，可說是聰明之舉，只是難免仍然車毀人傷。

阿裘送院治療，雖然大難不死，但腿部卻受了重傷，醫生認為需要一段長時間的療養才能復元。

阿裘在汽車失事後，在衣袋裏找回李伯所給他的符籙，使他大感奇怪的是，李伯當日給他那張符籙，本來是黃色的，但汽車失事後，卻變成焦黑色，有如被火燒過那樣。阿裘心中認為，這次大難不死，是那道符籙救了他。他心中感謝李伯，希望能早日出院去找他，謝他的救命之恩。

阿裘十分幸運的在醫院只住了一個短時期，傷勢出乎意料的復元得很快，已經可以出院回家休養了，只是步行時仍須扶持手杖。當然暫時仍未能再當的士司機。

阿裘出院後，第一件事便是把李伯給他的符籙，依李伯之言燒了，然後去找塊樹葉，插在李伯梯間的信箱中。

到午夜零時時分，阿裘就站在梯間等待李伯的出現。

果然，不久就見到李伯從左邊街口一步一步的走過來。

阿裘見到李伯，一方面是喜，但一方面又奇怪李伯為甚麼會從街口走回來。

李伯一見阿裘，喜形於色，他好像知道阿裘心事似的，先發制人的說剛才乘車回家，那個司機不認得路，在街口就放下他，使他走了不少冤枉路。

阿裘也不理李伯的解釋是否合理，先謝過李伯給他的符籙，使他逃過一劫。然後對李伯說，他的確有如能知過去未來的仙人。

李伯聞言呵呵大笑，指着自己的臉孔對阿裘說：「我似仙人嗎？還是似……」

提議改業

李伯的話說到一半就縮回頭，但阿裘已明白他的意思，亦在暗忖李伯是否知道自己和小張曾到墳場探索。阿裘對李伯，確實覺得有點高深莫測，雖然李伯說過他懂得術數和掌相，但阿裘似乎覺得不是這麼簡單的。

終於阿裘問李伯，能否算一下他甚麼時候可以完全復元開工。

李伯如言掐指計算，不一刻，便對阿裘說，看來他的腿傷，短期內仍難完全復元，所以他不可能在短期內再當司機。

阿裘聞語，默然良久，他是在想，自己過去無甚積蓄，如果長時間失業，生活也感到徬徨呢！

李伯似乎看破了阿裘的心事，對阿裘說：「你可以改業啊，可以做一點不用腿也能做的工作，不就行了。」

阿裘心想，改業有這麼容易嗎？正在惆悵中，李伯忽然說，有一種工作我可以幫助你。

阿裘忙問是甚麼工作？

李伯說：「你可以掛牌替人看掌相，那麼我不是可以暗中幫助你！」

阿裘感到有點莫名其妙，因為自己對掌相是完全外行，就算馬上學吧，那也不是一朝一夕的事，如何可以當掌相家替人看掌相？阿裘想到這裏，連忙搖頭對李伯說：「這是不行的，我絕對不是這方面的材料。」

李伯微笑的對阿裘說，不懂掌相學的人替人看掌相，而且成名的，過去就有過這樣的例子。如江湖傳聞曾有人獲得狐狸精之助，替人看掌相，結果名利雙收，因為準確程度達百分之百也。亦有江湖傳聞說《英耀賦》（一種完全靠捉心理的算命方式）也多少是在近似上述情形下出現的。李伯為了堅定阿裘的信心，結果就為阿裘講了一個狐狸精如何去協助一個不懂掌相學的人去替人看掌相的故事。

江湖故事

李伯說，相傳有人在野外救了一隻受傷的狐狸，後來這狐狸成了精，為了報答救過牠一命之人，就教他設館替人看相，自己則躲伏在閣樓上，初時傳訊的方式就利用一隻用繩子操縱的吊桶，狐狸把來算命的人一切的情況寫在紙上放入吊桶內，懸下給業者。結果因為料事如神，來算者莫不稱奇，不久即告遠近馳名，而業者經歷一段長時間後，亦掌握了竅門。只是因為吊桶的名氣響，後來就出現了不少以「吊桶」為名替人算命的人，各人均自稱為正牌者，曾經試過有一處地方，同時出現七八名「×吊桶」為人算命者，亦妙事也。

至於江湖上頗為流行的《英耀賦》，則據傳是一名擅於看相的高僧，雲遊到某處一座頗為荒涼的廟宇，廟祝經常入不敷出，高僧就教廟祝替人看相，自己從幕後協助他。也因為料事如神的關係，不久即告生意滔滔，遠近知名。到後來，高僧要到別處去了，廟祝大感失望，便央高僧教他相法，高僧以時間急促，很難在短期內教曉他一切，便寫了《英耀賦》給廟祝，認為只要他能熟讀，亦可在江湖上混口飯吃，那就是現時仍然頗流行的「入門先觀來意，出言要順人心……」的《英耀賦》。由於全本《英耀賦》，大部份是教人如何捉心理的，所以，今日業掌相的人，縱使擁有這本書，也絕口不提。就是怕人誤會他並無實學，替人看掌相不過是靠捉用神而已。

李伯說完「吊桶」與《英耀賦》的故事後，就對阿裘說：「其實我們也可效法他們的，你設館替人看掌相，我則在幕後協助你，保證你不日即可成名，生意滔滔，勝過你做任何生意也。」阿裘本來是極不願意的，但感於前路茫茫，生活逼人，也不得不接受李伯的建議。

在很短的時間內，阿裘便在一條橫街找到地方可以開檔。李伯教他在檔口的後邊加一布幕，讓他可以藏身在裏面。

所言皆驗

阿裘的第一個客人是一位中年男子，粗眉大眼，身穿唐裝衫褲，上衣的鈕釦也沒有扣齊，一看就知道他是橫打橫撞進入來看相的。

李伯在幕後細聲的對阿袞說，此人出身童年極苦，母親早逝，父親再娶，近年撈賭，手風欠順，故撞入來問一下前程。阿袞到底未吃過這行飯，不知李伯所言是否準確，萬一不對的話，如何下台？所以，阿袞呆了片刻仍不敢說話。李伯亦明白阿袞的心意，所以又輕聲的說：「不會錯的，你放心吧！」然後又教阿袞以看相的口吻說：「以閣下耳朵輪廓不明，兼有耳反之象，所以出身童年極苦。」阿袞無法只有照說。

那人一聽，果然點頭。

然後李伯又輕聲的對阿袞說：「閣下山根低陷，母應先亡，兩眼一大一小，宜有兩母，所以斷定尊翁必定續弦。」這時阿袞有點怯意，不敢立即接着說，還是李伯催促他，阿袞只有硬着頭皮說了，那人客果又點頭。接着李伯又說：「從今日閣下氣色來看，略嫌枯滯，故相信近來財運有損。」阿袞又照說了，那人客果然又點頭。

這時阿袞覺得頗為有趣了，看相能如此準確，他自己也感到莫名其妙，只是暗中記着李伯所說的話。

那人客突然說：「不錯，我近來財運的確不甚妥當，唔知有乜辦法教我，可以令我重出生天，如果靈驗的話，我一定替你大力宣傳。」

李伯細聲的對阿裘說，看來我們可藉助此人替我們宣傳，就教他一些辦法吧！李伯接着又對阿裘說：「你教他到藥材舖買些紅花，每晚浸水來敷面，使氣色能早日好轉，同時此人脾氣極劣，應教他拜佛，最好是拜觀音，以減低其火氣，自然對運程有助。然後對他說，百日之內，運程將有改善。」阿裘果也照說了。那人聽後，喜形於色的放下潤金離去了。

算出離婚

人客走後，李伯出來與阿裘相見，並對阿裘說：「你看，這行業是否簡單易做。」阿裘連忙說：「當然，如果有你的幫助，自然易做，如果叫我獨力去做，我相信我真的無法吃這行飯。」阿裘頓了一頓，猛然醒悟似的對李伯說：「你以後在布幕裏對我說話，不要那麼大聲，否則讓人客聽到就大為不妙。」不料李伯蠻有信心笑笑口的說：「不會的，他們不會聽到的，你儘管放心好了，我包保只有你一人聽見。」阿裘心裏在想，這又確是奇怪得很了，這怎可以包保自己説話要誰人聽到就誰人聽到，誰人聽不到就聽不到呢？

李伯這番說話，不免使阿裘覺得他實在是有「神通」似的，便不再追問下去。

一宵無話，翌日，又有一個女客上門，年紀看來三十歲左右，衣着華麗，薄施脂粉，坐定後，看了一下價錢表，然後對阿裘說，她希望他能替她算一算，看何時紅鸞星動。李伯在幕後輕聲的在笑，然後對阿裘說，這女子的家山風水迭出離婚女子，所以她三姊妹都以離婚告終。這女子問何時紅鸞星動，其實是想知道是否有機會再嫁。

李伯頓了一頓，然後輕聲對阿裘說：「你就對她說，你童年時父母已經離異，由母親撫養長大，所以是『有父還無父』，你應在廿五歲之年結婚，但婚後不足一年即告感情破裂，宣告離婚，你今來看相，是想知道何時再有姻緣而已！」

阿裘照着說，那女子在連連點頭的時候，阿裘又一次覺得這實在太玄和太奇妙了。

那女子接着問阿裘：「那麼請告訴我何時再有姻緣，如有下一段的婚姻是否能維持長久？」

李伯這時又教阿裘說，良緣天訂，不可強求，兩個月後，遇生肖屬牛者，將會鴛盟再訂。

那女子聽後，滿心歡喜的離去。

漸漸成名

又有一天，一位年約四十歲的男子上門，衣着保守，穿的西裝也是舊款式的，坐定後便似乎十分內行的說要看流年運程。

李伯在布幕後輕聲的對阿裘說：「這人近來生意不前，周轉不靈，有一單冒險的生意想做又不敢做，因為如果順利過關的話，一切問題當可迎刃而解，只是萬一失手的話，不單只會破產，可能還要遠走高飛呢！但我看他如夠膽做的話，是可以過關的，這點我們不妨告訴他。另外，從他的氣色看，他近期內會遇到車禍等意外事件，不妨送他一個符籙，讓他避過一劫，則我們勝過做任何宣傳也。」

阿裘因為試過多次依李伯的說話來對人客說都十分靈驗，現在自然十分有信心了。他依足李伯的話來對人客說，那位中年男子除了點頭稱是之外，還感謝阿裘給他提點及送他符籙，然後滿心歡喜地離去了。光陰荏苒，轉眼過了三個月，阿裘的生意愈做愈好，主要的原因是所言皆驗，而做這行業，口碑是十分重要的。如上述的那位客人，他因阿裘的說話，放膽做了一次冒險的生意，果然給他過了關。後來又真的有一次乘小巴遇到車禍，車中多人受傷，而他卻僅受皮外傷，故此他認為那符籙有靈，自然如李伯所言，他會很自然的給阿裘宣傳了。

此後，阿裘除了生意好之外，也漸漸有了名氣，在江湖上大家都知道有一名功力深厚的掌相名家，只是不知道他其實是靠幕後有人大力扶助而已！

到了這個時候，阿裘對命運之事也愈來愈相信，偶爾回憶過去有掌相名家給他看過相，以及李伯也替他看過相，都說他會有一天成為掌相名家，當時覺得無稽，但現在卻又一一兑現了，人的命運就是如此奇怪，很多時候的峰迴路轉，往往非當事人所能控制，你以為它循這方向走，不料它偏向別的方向走去。

風雲變色

時間過得很快，轉眼又過了半年，阿裘這時的生意，已經其門如市，應接不暇。

有一天，收檔後，李伯看來愁眉不展，阿裘也看出他心事重重，便問他到底有甚麼事令他不開心。

這時李伯才嘆口氣對阿裘說：「昨夜我觀天象，覺得有異，便用我所知的術數細算，覺得我們這檔口可能維持不久了。」阿裘急急追問原因，李伯才接着說，因為他知道自己在不久將來，有一劫數。而此劫數之來，則極可能因自己過去把天機洩得太盡所致。而我們救人，卻不分青紅皂白，連一些平日為非作歹的人也救了，致招天怨！

阿裘低頭想了一會，然後對李伯說：「平日你不是有些符籙可以救人出險的嗎？這時候何不用來救自己？」李伯又再深深的嘆一口氣然後說：「這些符籙對普通人會有用，但對我自己似乎怕抵擋不來，但你既然提到，不管用也試試了。」

當下李伯便取出兩道符籙，教阿裘貼在檔口的門外，還教阿裘小心，不要讓頑童撕去，盡可能把那兩道符貼得高一點。

阿裘自然依言照做，果然，過了半個月，仍然平安無事，李伯仍是每天在幕後做阿裘的軍師，教他如何替人指點迷津。有一日，阿裘到了開檔的時候，仍然未見李伯來，愈等愈心急，又怕有人客在這時候闖進來，就不知如何是好，因為阿裘知道自己是獨力應付不來也。結果，阿裘不得已在門口貼上一張「是日休息」的字條。

阿裘在貼好字條返回檔口內時，覺得布幕後似有異動，以為李伯回來了，便伸頭入布幕內一看究竟。不料這時忽然狂風大作，隨着大雨傾盆而下，再而雷電交加，阿裘並沒有見到李伯，只見一道白光從天而降，隆然一聲，一道白光又從幕後中消失，瞬間的巨變，阿裘整個人呆了！

雷霆之劫

隨着整日狂風大雨，雷雨交加，阿裘不知道布幕後平日李伯藏身的地方，是否曾為雷電擊中。對較早時的白光一道，阿裘只希望是自己在雷電交加中眼花，一種錯覺而已！

大雨直到翌日中午才停，阿裘躲在檔口內睡覺，但心中在想念着李伯。

雨過天青之後，阿裘走出檔口，發現貼在檔口門外的兩張符籙，早已被風雨吹得不知去向了。

由於李伯沒有出現，阿裘也不敢開檔，繼續在門口貼上「是日休息」的字條，等李伯回來再算。

只是一連等了多天，都不見李伯出現，不少人客到來，望到「休息」的字條，都失望而去。

阿裘在心想，過去曾有相士對自己説過，説自己會成為掌相名家，但出名一段時間後就會沒落，隨着銷聲匿迹，果然應驗得如此快和準乎！

阿裘忽然想到，試試再次摘些樹葉放在李伯出沒的住戶的梯間信箱，看他會否再出現。只是沒有符籙可燒，不知是否有效，但心念試試總應無妨。結果又再等多天，李伯始終沒有出現。

有一天，阿裘在檔口內無聊，但又不敢開檔，突然有人拍門，阿裘知道是有人想來看掌相，便在檔口內高聲說是日休息。

不料拍門聲更緊，阿裘迫不得已去開門，門一打開，原來來者是一名身披袈裟的和尚。

和尚合十的對阿裘說：「我路過此地，覺得此屋甚有蹊蹺，所以想入來看看。」

阿裘即說，此處是替人看掌相的檔口，有甚麼蹊蹺不蹊蹺。

和尚接着說：「這就奇怪了，看相也會遭受雷霆之劫？」

和尚不理一切，來到布幕後邊，俯身以手擦擦地上，再把手移到鼻上嗅嗅，然後說：「是了！」

白雲蒼狗

和尚接着在掐指計算，然後問阿裘說：「此地是否曾有一白衣老人出現？」

阿裘反問和尚說：「你是如何知道的？」

和尚嘆口氣說：「此白狐也，正修得天眼通，可惜遭遇雷霆之劫，尚幸保住性命，今已遁回遠地深山，功力亦盡失矣。」

和尚又再掐指計算，接着又對阿裘說：「此狐與你有緣，看來你們仍有會面的機會也。」

和尚隨着對阿裘透露自己的法號，這時阿裘才知道和尚其實是一位得道的高僧。但阿裘對他的說話，始終半信半疑，主因是與李伯相處了頗長的時間，大家有了感情，所以不管李伯是白狐也好，不是白狐也好，到底是幫助過自己。

到這位高僧離去時，阿裘似乎聽見他在低吟：「世間事，白雲蒼狗。紅塵迷離，難看破，疑幻疑真！」

說也奇怪，李伯果真沒有再出現，阿裘在檔口等了他一段日子後，也感到心灰意冷，終於結束了那個檔口，再作的士司機；當然，他的腳傷早已痊癒了。

但此後，阿裘每次駕車經過跑馬地，都想起李伯，每次都希望能遇見他，只是，每次都失望。

轉眼過了多年，阿裘漸漸忘記了過去的事，只是生活無甚改變，仍以駕駛的士為生。

有一年夏天，小張與幾位的士司機，準備休息幾天到大陸去旅行，小張一直與阿裘都談得來，自然力邀阿裘同行。阿裘也覺得這幾年來工作辛苦和枯燥，有機會休息幾天到外地散散心也是好的，結果就答應了小張，參加他們數人組成的旅行團到大陸去遊山玩水。

他們去的地方並不遠，只是在寶安縣的一個近郊旅遊地點，照説此地並非狐狸出沒的地方，但阿裘卻有奇遇！

幻境亦真

一天晚上，是旅行團的自由活動時間，阿裘獨自出外，準備買些紀念品回港。

就在回程中一條兩旁有樹木的小路上，阿裘發現有一隻前腿受傷的白狐，眼瞪瞪的望着阿裘，似在求援。

阿裘蹲下身子望着白狐，頗有似曾相識的感覺，而白狐看來亦甚純良，無任何惡意。阿裘隨即把牠拖入樹林中，然後去找藥物和繃帶替白狐包紮傷口，一切妥當後，但見白狐在搖尾，似在感激阿裘救牠，然後蹣跚一步一拐的向樹林叢中走去。迅即失去蹤影。

而最奇怪的，是這時阿裘好像有一種捨不得的感覺。同時猛然想起當日和尚對他說，以前幫忙過他的白衣老人是白狐，同時還説他們還有會面的機會。

難道剛才受傷的白狐，就是昔日的白衣老人乎？阿裘在凝想，但又無法得到確實的答案。

當夜，阿裘睡覺時，朦朧中似見到李伯又來找他，手上紮有繃帶，似是受了傷，對阿裘表示謝意。

阿裘大喜過望，正欲去擁抱李伯時，李伯忽然又消失了，阿裘撲了個空，一下子就醒了過來。

望望窗外，東方山邊已露魚肚白，是接近天明的時間了！

阿裘無法再入睡，想到過去，自己忽然會搖身一變而成為掌相名家，實在難以相信。

最奇怪的是，早年看相，相士竟能看出他有一天會成為術數或掌相名家，而且還說是在掌紋上看到的，又說他出名一段時間後就會沒落，亦屬準確無比。

而不知是否真正是白狐的李伯，同樣說他的家山風水會出醫卜星相之名人，實在太巧合也。

想着想着，阿裘似又聽到有人在低唱：「世間事，白雲蒼狗。紅塵迷離，難看破，疑幻疑真。」

第七章

潛水怪遇

天理地理

中國人自古以來，無論是否鑽研術數，都十分講究積德。所謂「積善之家必有餘慶」是也。在風水的觀念上，也有「福人葬福地」之說。

所以，曾有人問過我：如果風水學是那麼有效的話，那麼一些作奸犯科的人，如犯姦劫者、殺人越貨者，是否可藉風水之力量而避過官非？

在風水學上雖有可避官非的辦法，但這是「地理」上而言，研究術數的人應該知道，除了「地理」外，還有「天理」。「地理」可避而「天理」不容之時又如何？那麼，就會連「地理」也改變也。

關於「地理」與「天理」，現不妨對讀者說一個極簡短的故事。

話說在廣東省鶴山縣，有一座山風水極佳，懂風水學的僧人尋得龍穴所在，就在那座山上建了一座廟宇，果然神靈有靈，香火鼎盛。

後來該縣來了一位大官，十分相信風水學，隨行中更有精通風水的人物，發現了縣中上述廟宇所在之地，原來是龍脈和結穴所在。

風水師對該官員說，如果能把父母的骨殖遷葬該處，保證子孫發達昌盛，而他個人亦可再升官發財。

該官員聽風水師這麼說，不期然意動，便運用勢力趕走僧人，把廟宇拆去，然後把自己父母骨殖依風水師之言安葬。

但該官員隨後不但未有升官發財，而且運氣日劣，後來子孫亦不發達昌盛。是甚麼原因呢？

在該官員運用勢力拆廟和趕走僧人時，有一名高僧說了一句至理名言，他說：「此地風水極佳，所以此地不發無『地理』；但狗官恃勢凌人，則此地如發又變成無『天理』。」「地理」與「天理」相比，還是「天理」大，結果「地理」也隨「天理」之變而改變，如河流改道等。這是風水師所無力挽回者。而積德之重要，亦於上述故事可見一斑。

心善心惡

至於一個人之積德或積惡，相等於一個人的心善與心惡。

同是利用術數求福，心善者每多得心應手，而心惡者每多適得其反。其中的道理，並非術數不驗，而只是因果之數、天理之數，大於術數。

如前述的故事，有官員為求吉地遷葬父母骨殖，竟然拆廟宇趕僧人，這種惡霸式的行為，自然天理不容。終於雖然得地，但葬後卻一無是處。這當然並非術數之不靈驗，而是因為受了因果之數與天理之數的影響，地理上亦作吉凶配合之改變。說來雖然帶點神話色彩，但在玄空學上，卻每多此種例證。

信術數的人，不一定迷信於鬼神，但對天地間存在着一種左右每個人命運的力量，卻又是深信不疑的。

再舉一例，因果之數與天理之數，大於術數之數。

有數名劫匪，在準備對某機構下手時，妙想天開，走到一位十分著名的盲公處，說有一宗買賣，要求占卜一下是否順利，並請代占一個吉時行事。

盲公經過占卜後說，此宗買賣會十分順利，並代占了一個行事的吉時。

但結果，數名劫匪行事時為警方及時趕至，一網成擒。

是盲公的占卜不靈乎？是盲公明知他們為非作歹，故意提供假消息乎？

但不管如何，為非作歹而利用術數，相等於開宗明義所說的心惡者利用術數，不但難以得心應手，更每多適得其反者。其中當然亦有因果之數與天理之數大於術數之數的道理。

至如《玄空秘旨》所說的「人為天地之心，凶吉原堪自主」，當然亦有這種意味存焉！下面不妨為各位說一個江湖上盛傳的「養鬼仔的故事」。

養鬼故事

在江湖上，出過不少奇能異士。他們中有些人有如曾修「天眼通」者，對上門的人客的過去和未來，簡直是瞭如指掌。使人無可解釋者，對一些人客的一些極為奇怪、詭秘的遭遇或私隱之事，他們都能一一說出來。

當然，他們並非曾修「天眼通」，因為修此法者，一般都不會掛牌營業替人算命或看掌相。

因此，江湖上就盛傳有人養鬼仔之事。

所謂「養鬼仔」，是指一些江湖人物，蓄養一些幽靈，而這些幽靈，是屬於小童者，廣東話就稱之為「鬼仔」。他們養鬼仔的目的，就是在人客上門問事時，他們就派鬼仔出來刺探，所得結果不但百分之百準確，而且往往使人客大出意表者。

過去，在台灣有一位極負盛名的相士，姑名之為「南哥」。南哥有一套十分獨特的本領，人客上門坐定後，不必報上姓名，他已能知人客姓甚麼，從甚麼地方來。他這套本領，不少人便盛傳他是「養鬼仔」，每次人客上門時，他派鬼仔去刺探得來的。

他這項特殊的本領在傳開之後，就有人千方百計的想去破他的法，也有人故意的想辦法去誤導他。

有一位電視台的編導，從香港去的，肩上掛有一個從朋友處借來的旅行袋，旅行袋上除露出一個姓名外，還貼上航空公司的標誌。登門去找南哥算命。

這位編導本來姓劉的，他故意在旅行袋的當眼處，露出朋友姓名的標籤，是姓許的。目的就是要使南哥中計，看他是否憑人客身上的蛛絲馬跡去猜人客是姓甚麼的。

在這位姓劉的編導坐定後，南哥好整以暇的閉目養神，不一刻，便張開眼皮對劉編導說：「你是姓劉的，剛從香港來，卻不知怎的會拿錯了別人的旅行袋。」接着他又說了一些話，使劉編導覺得十分不可思議。

特殊本領

南哥正視着劉編導，還未問劉編導的出生年月日時，便已直接的說出了劉編導的家庭背景、兄弟人數、兒女幾人等，使劉編導大感訝異。

劉編導早年亦曾鑽研過術數，雖不精通，但也明白術數之道理。而南哥的特殊本領，劉編導明白那是完全超出了術數的範圍。

到南哥查問劉編導的出生年月日時，接着替他算未來之事，劉編導則又覺得太模稜兩可，與說過去之事的斬釘截鐵，可說大異其趣。同時，南哥的特殊本領傳開後，更有一些姓氏十分罕見的人，如姓「閉」者、姓「脫」者，故意上門去讓南哥猜測一下，但南哥同樣可以準確的說出他們的姓氏。

對於南哥的特殊本領，劉編導既無法解釋，而一般人更難明白，到現在，可能有人說那是「特異功能」，但在以前，遇到這樣的情況自然會傳出他是養鬼仔的了。

在本港，也有一位盲公，同樣因有特殊的本領，而被盛傳他是養鬼仔的。這位盲公的本領，多少近似南哥的特殊功能，他本來是替人占卜問事的，而最奇怪的是：人客報上出生時間後，他拿着龜殼搖幾下，占出某卦後，他就可道出來求算的人客的家居情形，如居屋是坐南向北或某個坐向等。我在《天網搜奇錄》中亦寫過，有一位盲公，占出一位美國來客在美國的家居門前種有三棵竹樹。

更有一次，一位朋友的家居大裝修，屋頂因發現漏水而開了一個大洞修理。他去盲公那裏占卦，本來是問一下當年生意如何的。不料卻占出他家有大裝修，而最奇怪的是能算出他屋頂開了一個大洞，使到去占算的朋友瞠目結舌。

這一切，當然是越出了術數的範圍而接近「異能」了。但過去，不少人就說他們是養鬼仔的，而且說來煞有介事。

訓練鬼仔

至於具有特殊本領的所謂「命相家」，是否真正養鬼仔，那就只有他們自己知道。但「鬼仔」是如何獲得的呢？江湖上盛傳，他們所養的鬼仔，不外從兩個方法得來，一個是自己去收取和「提煉」的，一個是到南洋等地方買回來的。

不管他們是買回來的還是自己收取和「提煉」的，但所傳「提煉」鬼仔的方法如一，說來也是頗為恐怖。

據傳，要「提煉」一個精靈有用的「鬼仔」，就必須選取年紀在七歲至十歲間死亡的童子，而「提煉」的方法是從童屍中取出一塊頭骨，放在他們所特設的丹爐中「提煉」，不斷的唸他們的咒語，直到七七四十九天，然後「提煉」完成，那就是說從這時起，他們似是訓練成功一個鬼仔為他們工作。他們只要心中在唸咒語，那個「鬼仔」就能聽到和把他看作是主人，任由他們吩咐去做任何工作。而最奇妙的，是這些鬼仔被「提煉」成功後，還可以出賣的。

據說把鬼仔「提煉」成功的人，在賣「鬼仔」時是連咒語一同出賣的。那就是他們教買家如何唸咒語及如何使用鬼仔。

相傳南洋方面的巫師最拿手這種把戲，而其間的情況，與民間盛傳的「降頭」頗為相似。由於這一切都是傳說，所以真實情況如何，可靠程度有多少，大家都不知道。因為具有特殊本領的「命相家」，就算他們真的是「養鬼仔」的，他們也不會承認其事。

江湖上既盛傳有養鬼仔之事，自然也盛傳有如何破法之事。據說一般童子都是喜歡吃糖果的，故此鬼仔同樣喜歡吃糖果。所以，登門求算命的人，只要袋中有糖果，那麼鬼仔就會只顧偷糖果吃而忘記聽主人的吩咐，養鬼仔者就變成無所施其技。但同時又傳說若有人故意袋着糖果去誘鬼仔的話，那麼可能被鬼仔纏着一輩子，這又有誰敢做呢？

潛水怪遇

由於世上確有具有特殊本領的所謂「命相家」，民間既盛傳他們養鬼仔，但又無人膽敢去破法，結果所傳的故事也愈來愈多，其中有些帶有很濃厚的詭異成份。

現在說一個十分奇情的故事。

在五十年代初期，潛水玩意並不如今日流行，由於各項裝備頗為昂貴，當時年輕一代玩這玩意的多屬富家子。

話說有一位姓何的富家子弟，單名叫軍，人稱阿軍，十分喜愛潛水活動，幾乎每個週末都到港外去潛水，有時捉到甚多魚時，更拿回家去分給街坊鄰里。

只是由於他是獨子，而傳說中獨子是最容易遇到水險的。所以，他每次出海去潛水，家人都有點擔心，但因他太熱衷這種玩意，家人也沒法攔阻他，只有勸他小心為要。

阿軍既喜潛水，也學過拯溺，而且似乎與水特別有緣，幾乎所有的水上活動他都喜愛。他在廿二歲那年，結識了一位女友阿嫻，兩人過從甚密。由於阿軍是獨子，家裏的人自然希望他能早日結婚，若能從此開枝散葉，自然更妙。阿軍既愛阿嫻，而阿嫻對阿軍亦甚有意思，再加上阿軍家境甚好，兩人若要結婚的話，那是十分順理成章的事。

但世上的事，以為會順利發展的，到了某一個階段，卻常會有節外生枝的事，非一般人所能料到。也是合該有事，有一天阿軍出海潛水回來後，整個人癡癡迷迷的，家人問他曾發生了甚麼事，他又不肯吐露，只是連聲說沒事。

而更奇怪的事，阿軍自此次出海回來後，對阿嫻似是冷淡許多，好像有人從中作弄似的，阿嫻也不明白阿軍為甚麼對自己如此。

阿嫻有一次主動的向阿軍親熱，事後卻發現自己面上出現幾個指紋，情況有如被人摑了一巴掌似的，更有熱辣辣的感覺。

沖喜得病

更奇怪的是，阿嫻每次主動向阿軍親熱後，除了自己臉上出現指紋外，連阿軍也接着有幾天感覺不舒服，有如生病似的。

這種情況，一連發生多次，阿嫻與阿軍均感到莫名其妙。

更急的是阿軍的父母。阿軍的父親對掌相略有研究，亦信風水命理之學，只是並不精通。他覺得阿軍與阿嫻，在掌相上是十分相配的，為甚麼會如此呢？

有一天，阿軍的父親聽人說某街有一位命理家，十分準繩，更興起替阿軍算一次命之念頭。

不料那位命理家徒負虛名，所算出來之事阿軍的父親認為無一準確，十分失望。

又有人對阿軍的父親說，某處有一位仙姑，問事甚靈的，不妨去問問。

阿軍的父親果然又聽朋友的說話，親自去造訪那位仙姑，問一下自己兒子的事。

不料那位仙姑更為糊塗，她說阿軍紅鸞星動，只要讓他早日結婚，就一切問題都可解決了。而且還強調一個人如果得到怪病，醫生也感到束手無策的話，很多時「沖喜」是有一定作用的。

阿軍的父親果也聽信仙姑之言，去找阿嫻的父母商量，希望阿軍與阿嫻能早日成親。而阿嫻的父母也覺得無所謂，只要女兒喜歡就行了。

結果，擇定了黃道吉日，不料在過聘禮之後，阿軍卻忽然生起病來，而且一天比一天沉重，看過幾位醫生，都無法斷定阿軍生的是甚麼病。

有一天晚上，阿軍發高燒，不斷的在呢喃着說：「我不要結婚，結婚會害死我的，我不要結婚，結婚會……的，快替我取消它。」

阿軍的父親，這時有一種不祥的預兆，覺得事情有些蹊蹺，但又不知是甚麼原因，只有乾着急。

吻了女鬼

阿軍父親的朋友，有學道的、有學神打的，都說阿軍中了邪。但中了甚麼邪卻又說不出來，而阿軍的病卻一天比一天嚴重。

直到有一天，阿軍父親聽說有一位盲公，占卦奇準，江湖上都盛傳他是養鬼仔的，這位盲公姓鄭，人家都稱他為盲公鄭。

阿軍父親在無法可想的時候，自然甚麼也得試試了。而盲公鄭由於生意甚好，是要預約時間的。阿軍的父親在約定的時間前往，甫坐下，阿軍的父親已坦白的把兒子的病情相告，希望盲公鄭能占出個原因來。盲公鄭搖了幾下龜殼，用手把倒在桌上的銅錢逐個去捏，如是者相同的做了幾次，得到卦爻之後，默默在想，不一刻，盲公鄭似乎得到答案了，他對阿軍的父親說：「你的兒子被一名女鬼愛上了！」

阿軍的父親聽盲公鄭這麼說，當堂整個人跳起來說：「你說甚麼？」盲公鄭好整以暇的說：「你兒子吻了一個溺斃的少女，結果讓那個年輕的女鬼看中了，纏着他，現在聽說阿軍要結婚了，自然妒火中燒，因此設法使阿軍患病，不能起牀，那阿軍就不能結婚。」

盲公鄭說到這裏，喝口茶接着又說：「你們替他沖喜是完全錯誤的，不單只不能解除他的疾病，而且還會隨時加重，看來你們應暫時取消這頭婚事，容圖後計。」

阿軍父親聽盲公鄭一口氣說完兒子的個案，感覺實在奇怪：自己兒子怎會好端端的去吻一個女鬼呢？

正在疑惑間，盲公鄭對阿軍的父親說：「不論發生任何事情，都有解決的辦法。不過為了證明我的判斷沒錯，你不妨先回家問問你的兒子或者你兒子的朋友，看他是否吻過一名溺斃的女子。如果有的話，再回來找我，我或者可以協助你找到解決辦法。」阿軍的父親沒法，放下潤金就趕回家去。

旨在救人

阿軍的父親剛踏入家門，就見到家裏來了不少阿軍的好朋友，都是來探病的，其中有些也是潛水的發燒友。阿軍的父親認得一位綽號叫「秤鉈」的少年，常與阿軍一同去潛水的，可能他是一下水就直向水的深處鑽，所以得了「秤鉈」的綽號。阿軍的父親把「秤鉈」拉到一旁，問他可否知道阿軍在最近潛水中，有甚麼怪遇，如曾經吻過女屍等。

「秤鉈」膚色黝黑，樣子憨直，他見阿軍父親問得那麼奇怪，便搔搔頭低聲的自說自話：「哪有人會有興趣去吻女屍的？」忽然「秤鉈」似想起了一件事，便對阿軍的父親說：「對了，阿軍不是吻女屍，他是救人呢！」

接着「秤鉈」詳細的對阿軍的父親說，有一天，他們一行數人連同阿軍在內，到港外一個風景怡人的海灣去游水，由於那處海灘甚為美麗和寧靜，故離市區雖遠，也有人前往游泳。那天他們數人在潛水中，阿軍忽然發現一名女泳客遇溺，便不顧一切把她抱到沙灘上，這時才發覺這名女泳客已奄奄一息，遇溺的時間已不短。阿軍是學過拯溺的，他知道這時間一定要為這位遇溺的女泳客作人工呼吸和大力吹氣入她的口內。只可惜，阿軍雖然十分努力去搶救這位遇溺的女泳客，但仍然返魂無術。等到救護人員趕到把她送去醫院後，這位女泳客終於被證實死亡了！

阿軍父親聽了「秤鉈」這麼說，便知道盲公鄭的說話有道理和可能判斷正確了。

翌日，阿軍的父親再去找盲公鄭，說自己的兒子確是曾經搶救過一名遇溺的女泳客，但不是吻過她，而是替她做過口對口的人工呼吸而已。

盲公鄭笑笑，接着口中唸唸有詞，阿軍的父親不知他有說甚麼，接着他又在搖龜殼占卦，不一刻，盲公鄭對阿軍的父親說：「難怪，難怪，那女鬼當是把初吻獻給了阿軍呢！」

追查身世

盲公鄭又再搖龜殼，接着把銅錢倒在桌上，用手逐個的去捏，口中又再唸唸有詞，約一盞茶光景，然後慢條斯理的對阿軍的父親說：「你兒子吻到的女鬼……」盲公鄭說到這裏，阿軍的父親馬上更正他說：「不是吻她，是替她作人工呼吸。」盲公鄭笑笑，果然接受阿軍父親的意見，改口說：「當日你兒子阿軍所遇到的女鬼，是從未戀愛過的，遇事時是與數位同學去旅行和游水，以為自己熟悉水性，一時間不知如何愈游愈遠，終告氣力不繼而遇溺。」

盲公鄭說到這裏，喝一口茶，再思索一會，然後對阿軍的父親說：「看來，你兒子與女友阿嫻的婚事應暫時宣佈取消，你們打算沖喜的念頭是完全錯的，這只有激怒了女鬼而已！」

阿軍的父親至此終於忍不住問盲公鄭說：「只要暫時取消了婚事就行了嗎？還要做些甚麼東西和有甚麼辦法？到甚麼時候才可讓阿軍結婚？」

一連串的問題，也使盲公鄭陷入思索之中，盲公鄭不知是否真正養鬼仔和老江湖，口中又再唸唸有詞，不一刻，也似乎是想到辦法了，他對阿軍的父親說：「這事必須對症下藥，看來你們除了暫時取消阿軍的婚事外，馬上調查一下那位遇溺女客的身世，事後葬在甚麼地方？這應該不難辦到的，因為當日並非她獨自去游泳，而阿軍也不是獨自去潛水。查到後再回來找我，我或者可以教你一個徹底的解決辦法。」

阿軍的父親聽盲公鄭這麼說，也只好回家再想辦法。他想，這事找「秤鉈」問問或者知道。

翌日，阿軍的父親果然找到了「秤鉈」，要「秤鉈」更詳細的說出當日與阿軍去潛水和救人的情形，更要「秤鉈」回憶一下，看是否記得遇溺女客的姓名、有甚麼人同行、後來葬在甚麼地方。

女鬼動情

「秤鉈」說出當日送遇溺女子去醫院的人中，有一位少女看來是遇溺者的同學，與他們其中一位當日去潛水的朋友是認識的。因此，找到那位朋友問問便應知道了。

「秤鉈」倒很熱心，答應馬上去找那位當日一同去潛水的朋友，相信循這線索去追查，一定可以查出遇溺少女的底細。

果然，翌日下午「秤鉈」就再登門找阿軍的父親，說已查到遇溺的少女的姓名和事後葬在甚麼地方。「秤鉈」說，遇溺的少女名字叫翠翠，剛中學畢業，與家人住在近郊的一個新村，死後家人把她火化，骨灰安放在郊外的一個道觀中。「秤鉈」雖然十分簡單的說出了遇溺少女的身世，但阿軍的父親已覺得這些資料很夠了。馬上換過衣服就出門去，一支箭似的趕去找盲公鄭。

阿軍的父親把「秤鉈」告訴他的資料一一告訴了盲公鄭，一面屏息靜氣的等待盲公鄭給他想辦法，以便解決兒子的困難。

盲公鄭又再唸唸有詞，他這種舉動實在使相信「養鬼仔」故事的人懷疑他是「養鬼仔」，隨後他又在占卦。但這次較奇怪的是，盲公鄭一共占了多支卦，不斷在低頭思索，忽然又好像睡着了似的，一動也不動；忽然又好像醒過來，猛然的把頭搖幾下，這些動作，阿軍的父親看在眼裏也覺十分奇怪。既似在作法，又似在唸經，在怪異之外更添有詭譎的色彩。

大約過了半個小時，盲公鄭才好像真正醒過來似的，喝口茶，燃着一口香煙，猛力的吸了幾下，然後對阿軍的父親說：「現在情況是十分清楚了，那個名叫翠翠的女鬼，個性十分倔強，生前並無男友，自然從未戀愛過，不料在死前，阿軍替她作口對口的人工呼吸，雖然返魂無術，但卻對阿軍動了真情，認為自己的初吻給了阿軍，就要死跟着他……」

道觀作法

盲公鄭接着又道：「因此阿軍宣佈要結婚，那個女鬼翠翠就不高興，自然想辦法整蠱他了。阿軍之病，與此也有莫大關係！」盲公鄭的一番話，把阿軍得病的過程說得清清楚楚。而阿軍的父親，也聽得目瞪口呆。

最後，阿軍的父親問盲公鄭有甚麼解決的辦法，盲公鄭略一思索便對阿軍的父親說：「看來現在當務之急，是如我以前所說的正式宣佈取消阿軍與阿嫻的婚事，然後再到郊外翠翠骨灰安放的道觀處，做一場超渡翠翠的法事，讓她早日得到超生和輪迴，那麼事情相信可以獲得完滿的解決。」

最後盲公鄭特別提高聲浪向阿軍的父親提出，那場法事應完全為超渡翠翠而作，請法師應請名門正派的，不可讓旁門左道的施行一些如限制甚至企圖制服她的法術。希望阿軍的父親明白，否則日後可能禍及出主意者。

阿軍的父親只是在點頭，意思是會照盲公鄭的說法去做。隨着盲公鄭又說：「在阿軍與阿嫻正式宣佈解除婚約之後，直至超渡的法事做完，也不可立即結婚，因為遇溺者，縱然獲得超渡或輪迴，起碼也要三年的時間，這是說阿軍與阿嫻最好等三年後才結婚。」

阿軍的父親這時心裏所期望的，是兒子早日康復平安無事，自然甚麼條件都答應下來。

說也奇怪，在阿軍的父親依照盲公鄭的說話去做，宣佈解除阿軍與阿嫻的婚約，接着在安放翠翠骨灰的道觀做了一場法事，阿軍的病果然日見起色，不足半個月，已完全康復過來。

阿軍病癒後，仍然與一群友好經常去潛水，與阿嫻也保持聯絡，只是不提婚事。

轉眼過了兩年，阿軍的健康不但甚好，而且因為經常作戶外運動，體健如牛，與阿嫻雖然仍是朋友名分，但雙方已把對方視作自己的終身伴侶。

違背諾言

阿軍到底是血氣方剛，在與阿嫻朝夕相處下，而阿嫻心中亦認定日後是嫁給阿軍的，終於兩人在一個風雨之夜私底下發生了關係。

而此後，兩人更常常伺機幽會，雙方家人一直給蒙在鼓裏。

直到有一天，阿嫻覺得自己生理起了變化，經醫生檢定後知道是懷孕了，她把這事告知阿軍，兩人商量一番後，決定大家一同向家人提出結婚。

阿軍的父親獲知這事後，第一個提出反對，因他心裏明白還不夠三年的期限，恐怕再次惹禍。但阿軍苦苦哀求，希望父親不要太過迷信盲公之言，而且雖不夠三年，但亦已差不多了。

阿軍的父親經過再三考慮，終於在愛子情深和希望抱孫的心情下，勉強的答應了阿軍和阿嫻提早結婚。而阿嫻父母方面，亦不表示反對。

阿軍和阿嫻結婚後數月，兩口子頗為恩愛。阿軍父親亦漸漸忘記了盲公之言，而阿嫻亦已生產在即。

一天早上，阿軍父親閱報，得知昨夜有一盲公突然墮海，幾乎淹斃，有人見義勇為下海搶救，方救回一命。

阿軍的父親心頭起了一個不尋常的震盪，他有一種預感：那個墮海的盲公就是盲公鄭。

而且，他還覺得，如果墮海的盲公確是盲公鄭，那必有內幕的原因。

當日，阿軍父親便立刻急不及待的帶着戰戰兢兢的心情去找盲公鄭，看他是否昨夜墮海獲救。

盲公鄭住在鬧市的一條橫街的二樓，開檔的地方就是住處的前廳，後面就是他居住的地方。

阿軍的父親趕到後，發現門前貼有「是日休息」的字樣，心中已知自己所猜不錯。急急的按了幾下門鈴，應門的是一名中年女人，眼圈紅紅的，看來是曾經哭過，問阿軍的父親找盲公鄭有甚麼事，隨着說出了盲公鄭墮海獲救還未出院。

盲公墮海

阿軍的父親在獲得證實墮海的盲公確是盲公鄭後，問清楚那女人盲公鄭在甚麼醫院，便立即下樓截的士趕去醫院。

在醫院裏，阿軍的父親經過一番的查詢後，終於找到了盲公鄭，見他面色蒼白的躺在病牀上。向他說出了自己是誰後，便以十分關懷的語氣問他為何會墮海。

盲公鄭經阿軍的父親這樣一問，頓時陷入回憶中，他想了很久，忽然若有所悟的問阿軍的父親，他的兒子是否提早結婚了。

阿軍的父親據實以告，盲公鄭嘆一口氣說，這也難怪！

終於盲公鄭說出了自己墮海的經過，使到阿軍的父親既內疚，亦迷惘於這世上確有這等不可思議和無法解釋的事。

盲公鄭的居處距離海旁雖然不遠，但卻是中間隔有一條馬路的。照道理他是沒有理由會走到海旁去的。現在他不單只走到海旁去，而且還墮海幾乎淹死，這就有點離奇了。原來盲公鄭很多時在晚上收工後，會走到街頭一間小店去找人喝酒談天，有時還打天九消遣。

那天晚上，盲公鄭打完了天九後，手持盲公竹一步一敲的沿路返回住處。這段不長的道路，盲公鄭是很熟悉的，他不必人扶持也能摸索返回家裏。

不料走到半途，一名女子走來扶持盲公鄭，似是好心的對盲公鄭說：「前面修路，挖了個大洞怕你看不見會跌下去。所以，讓我帶你拐個彎過去，就會平安無事。」

盲公鄭心想，我雖然眼盲看不見，但這段路不久前剛走過，怎麼不聽說修路之事。

盲人到底是聰明和心水清，盲公鄭馬上知道事有蹊蹺，準備掙脫那女子不讓她扶持，但不知怎的那女子卻如有千斤力，使盲公鄭不得不隨着她走，盲公鄭想呼叫，但又叫不出來，像是有人掩着口的樣子。

一籌莫展

盲公鄭完全失去了反抗的能力，任那女子帶着他走。就這樣，盲公鄭被帶到海旁，突然好像被人揪着衣領，一股力帶着他向海中心飛去。盲公鄭跌下海中後方才有能力呼叫。也算盲公鄭命不該絕，數名見義勇為的途人知道有人墮海，跳入海中把他救回。

阿軍的父親聽盲公鄭一口氣的説完自己的墮海故事，亦頗懷疑與阿軍的提早結婚有關。但心想若確是那女鬼翠翠搗鬼，那未免太過分了。因為盲公鄭不但沒有害過她，而且還建議請法師開壇作法把她超渡，沒有理由對盲公鄭懷恨如此之深，弄到要把他置諸死地的。

但到底這是無法證實之事，雖然盲公鄭之言，可信性甚高，但說不定盲公鄭在算命時，開罪了另一個女子，致遭人暗算。

但不論如何，阿軍的父親十分同情盲公鄭的遭遇，送了他一筆錢後，心中仍帶着點不安離去。

而最奇怪的是：盲公鄭出院後，繼續掛牌營業，生意已大不如前。阿軍的父親知道此事後，亦曾去看過他，但盲公鄭只是在嘆氣，幾次欲言又止，阿軍的父親也知道盲公鄭有些事情瞞着他不敢告訴他。

盲公鄭的算命與占卦，愈來愈不靈，水準愈來愈低，口碑自然愈來愈差，到後來，終於弄致門堪羅雀，少人光顧了。一般信術數的人，便說盲公鄭運道奇差或沒有運。而他以前的紅極一時，則完全是因為運氣好所致。因為以術數為生的人，亦同樣要有運氣。

但同時有些傳說，則在荒誕之中同樣有人相信的，就是說盲公鄭本來是養鬼仔的，靠鬼仔去替他刺探消息。不料盲公鄭得罪了女鬼，被女鬼推下海後，更連那鬼仔也給趕走了。自此以後，盲公鄭便失了一個可以差遣和提供可靠資料的鬼仔，從此一籌莫展，大失水準了。

正是真真假假，江湖上事例最多。

真假養鬼

江湖上既多奇能異士，亦多不學無術招搖撞騙者，在龍蛇混雜的情況之下，一般人自亦不容易分其真假。

有人包裝極好，懂得宣傳和兜攬生意，學生亦多，但極可能只得一兩招花式堪用。有人不擅包裝，從不宣傳，外表看來似個門外漢，但偶爾露一兩手，則又使人目不暇給。所以說，江湖上真真假假之事例極多。一個是否真有料的人尚且如此難於分辨，則江湖上之傳聞和故事，真假就更難分矣！

同時亦見過一些事例，有些人本身在術數的根基上既不算厚，所學和所知亦不多，但因為走運，所以橫打橫撞也很多時會給他撞中，在一般情況之下，他們都會故作神秘，或故佈疑陣，使人覺得他高深莫測。

前文養鬼仔的故事，在江湖上宣傳甚盛，我只是覺得這故事頗為曲折和離奇，故照錄以饗讀者。

若問我是否相信江湖上確有養鬼仔這回事，我則始終是半信半疑。

我個人認為，無論是哪一門術數，它能流傳相當年代的，都有其一套完整的理論，使後學的人有所依循。但養鬼仔這等事情，縱使確有其事，也只能列入旁門左道，不能登大雅之堂，亦不應列入術數的範疇。

但奇怪的是，有些江湖中的職業手，由於走運和有多少夙慧，對許多事物莫名其妙的給他說中，但又不知如何解釋，別人傳他養鬼仔的時候，他不但不否認，許多時候還故作神秘，看來是默認的樣子，使到養鬼仔之事在江湖上傳聞日盛。只是這類人，多是教育水平較低，對術數所知不多，在江湖上能混口飯吃已心滿意足了，更遑論對術數作進一步的研究。所以，運氣失去的時候，就似前文的盲公鄭那樣，一籌莫展了！

第八章

奇妙個案

術數個案

說狐道鬼，野墳螢火，因果相纏，已說了多個故事。現在說一個與狐鬼完全無關的純術數故事，是一個真實個案，相信會引起喜歡鑽研術數的讀者興趣。

憑紫微斗數看疾病，不少人都知道是十分靈驗的，但一般人多是注意疾厄宮是否有化忌的星曜或煞星同纏，而不知道疾厄宮的祿星太多或疊祿，很多時也是表示有病的。

那麼疾厄宮星曜的化忌與化祿是否沒有分別呢？

當然不能說它是沒有分別的，那麼分別在哪裏呢？相信很多人都答不出來。

化忌與化祿對於疾病的最大分別在於，化忌未必能治癒，加上夫妻宮、田宅宮不吉的話，情況就更為惡劣。而化祿則每多是可以治癒者，甚至到某一個時期所患的疾病會無緣無故消失，連醫生也感到莫名其妙的。

我就親眼見過兩個醫生也判定是癌症的個案，到了一段時間後，卻出現了奇蹟痊癒了，醫生也感到難以解釋。信佛者和信上帝者，便說是神救了他；不信神者便說是他個人的意志戰勝了病魔；信術數者便說是命運使然；信紫微斗數者更可以清楚的說是因為疾厄宮的星曜是化祿而不是化忌。

記得十多年前，那時我還在《明報》工作，職位是編輯主任，工作相當忙，夜深才下班，白天就睡覺，所以極少有時間替人算紫微斗數。但有時遇到朋友有困難，人情難卻，也只好勉為其難了。

有一天，有一位與我們報館同事很相熟的朋友陳太打電話給我，說她有一位朋友，本身是工程師，任職於政府某個部門，他的兒子不幸染上了淋巴腺癌，他就只得這麼一個獨子，所以這事對他打擊很大，希望我能替他的兒子算一次紫微斗數，看看能否有救！

祿居疾厄

這位工程師姑名之為黃先生，住在九龍塘，與陳太夫婦甚為相得。

黃先生對術數本來無甚認識，亦不十分相信，不過眼看着愛子染上此種危險的病症，很自然的就心急想知道結果會如何。他聽陳太夫婦說過紫微斗數很靈驗，便託陳太找我代他的兒子算一次斗數。

在起列星盤之後，通常我都會問幾個問題，以確定星盤主人的出生時間是否準確。我記得所問的問題包括：（一）讀書聰穎過人，考試常列前茅；（二）孤身一人並無兄弟；（三）父母雙全。幾個問題問過之後，我知道星盤是準確了。這時才分析他的疾厄宮，看他所患之病是否有救。這位黃先生的兒子年紀很輕，當年只有十八歲，在紫微斗數的星盤，才進入第二個大限不久，就患上了淋巴腺癌。當時他星盤的疾厄宮是怎樣的呢？就是祿星疊至！根據我過去的經驗和師傳，這種情況是有機會可以治癒的，只是話雖如此，我們不能一句說話就算解決了，總得對問事者指點一條途徑，希望他能早日脫離困境和病魔。

記得當日我對黃先生夫婦說，算命不管用哪種方法，所得到的結果是固定的，再多算幾次也是一樣的。至於如何加減改變，我們就得另想辦法。當日我建議他找一位相熟的風水名家看一下家宅的風水，因為通常家人出現如此嚴重的疾病，在風水上必然有所顯示的。

而且，我還清楚的對黃先生說明，希望他能找風水名家看家宅風水的原因，是可藉此獲得多一個專家的意見。

黃先生果然聽我的話，託陳太邀得風水名家替他看家宅的風水。

果然，風水名家的結論是，黃先生所居的住宅，是六運酉卯向，走離宮門，四八、三八都見，不利少男，不幸艮方動土，是當年最不宜者，故其子得此危險之病症。至於解拆之法呢？

卦的啓示

風水名家教黃先生在住宅門口入口處加設一張紅地毯，在屋的艮宮角養魚，以皮蛋缸養六條黑色的黑摩利魚等。黃先生自然照風水名家的意思去做，並把風水名家的結論和教他的解拆方法告訴我。

對這些風水的解拆方法，我是明白其意思在利用紅色來去化「三」與「四」，養魚則制化艮宮方面的動土。我思量再三，還是怕這個解拆方法雖無不妥，但仍恐力量不足，最多是使情況不致再惡化下去而已！終於，我為了對黃先生兒子的情況，作進一步的了解，便以他的四柱八字，用河洛數配卦，再逐年的去追尋，看他當年的值年卦是甚麼。果然，經過一番手續後，從這方面我得到了一個很大的啓示，而且利用這個消息的指引，使黃先生的兒子加快復元，到現在已完全康復過來，並到外國去讀書了，這是一個千真萬確的個案。

那麼，我當日從他的四柱八字中，逐年追尋得到的是甚麼卦呢？

當日所得的就是「天火同人卦」，九五爻持世，據《易經》所載，卦詞是：「同人先號咷而後笑，大師克，相遇。」凡卦有世必有應，應爻在六二，卦詞是：「同人於宗，吝。」根據整個卦詞來解釋，那是一個部族面臨困難，共聚宗廟商討應付的辦法，是為「同人於宗，吝。」而世爻之「同人先號咷而後笑，大師克，相遇」的意思是說這個部族被敵人包圍了，勢將被殲滅，同人都在哭號，結果大眾商議與其被圍殲，不如試衝出重圍，或者尚有一線生機。果然，衝出重圍時，與救兵相遇，會師來把敵人打敗，大家由號哭而變為笑。

得到這個卦之後，我心中已明白黃先生的兒子是會有救的。但終得想一個辦法，配合卦的意義，來加速他的康復，使黃先生由「號咷」而變為「笑」。結果，在一再思索之下，我想到了。

衝出重圍

我認為所謂「衝出重圍」的意思，很明顯是想黃先生的兒子搬到另一地方去居住。特別是黃先生的家居風水遇到附近動土，多少也有被圍的現象。

我並不是不相信風水名家的解拆能力，只是很多時如果局面太凶，搬家暫避往往是一個好辦法。以免萬一解拆不來時中招，就有點不值了！

我把這個意見向黃先生提出後，黃先生有點愕然。我也明白他很為難的，因為兒子年紀很輕，加上有病，要他獨自搬到別處居住是很難做到的，若說要兒子到親戚或朋友家裏暫住的話，親戚朋友也未必歡迎，自己亦難開口。

尚幸陳太明白我的意思，她是個心腸很好和很熱心助人的人，與黃先生夫婦亦甚友好，她自動提議讓黃先生的兒子暫時搬到她的家裏去住，讓她去照顧他。

黃先生初時還有點猶豫，因為總覺是打擾了人家，有點不好意思。

終於，在陳太堅持之下，黃先生夫婦也期望兒子早日康復，果然就讓兒子搬到陳太家裏暫住。

世事往往就是這麼奇怪，在黃先生的兒子搬到陳太家裏去住之後，就好像藥石特別有靈，康復得很快，醫生也認為是奇蹟。

在黃先生的兒子康復過程中，有幾件事是頗為奇怪，而且也證明了「衝出重圍」是對的。

有好幾次，黃先生的兒子病情轉好之後，黃先生夫婦把兒子接回家去晚飯團聚一下。而十分奇怪的是，每次黃先生兒子回家晚飯後，隨即發高燒，馬上要送到醫院去。

在醫院接受治療一番後，再回到陳太家裏暫住，黃先生的兒子又迅速康復。

這些事例使到黃先生大為不解，他本來是一位工程師，不大相信術數這等東西的，到這時候不信也得信了。結果，接着而來再出現一件怪事，使他更相信。

奇怪現象

有一天，適好是黃先生的生日，自然想接兒子回家團聚和一同晚飯。雖然已試過幾次兒子一回來晚飯後就感到不舒服要送院，但當天是黃先生的生日，總不成一家人慶祝而少了兒子在場的。

黃先生的兒子過去幾次回家就馬上病情惡化之事，陳太是知道的。所以，後來黃先生的兒子有幾次很想回家看看父母，都為陳太阻止，寧願通知黃先生夫婦過來看望兒子。但這次是黃先生的生日，陳太就算知道可能會出事，也不好阻止。

結果，黃先生的兒子果然回家與父母團聚及一同晚飯。說來也真奇怪，飯後，黃先生的兒子又感到不舒服，體溫漸漸增高，與上幾回的過程完全一樣，又發高燒。

以前幾次遇到這樣的情形，黃太是會馬上把兒子再送入醫院的，但今次黃太卻突然有另外一個想法，想試驗一下是否所謂「衝出重圍」如此的靈驗，不管三七廿一先把兒子送回陳太處再說，心想若果兒子回到陳太家後仍然發高燒和不舒服，那再送去醫院未遲。

就這樣，黃太自己駕車把兒子送回陳太處。

而事實也真真奇怪，黃先生的兒子回到陳太家後，陳太開了一杯蜜糖水讓他喝，然後讓他上牀休息。不久，黃先生的兒子體溫下降，漸漸退熱了。當夜黃太送兒子到家後，還未離去，在客廳與陳太聊天，面容憔悴，顯示得很擔心。陳太一直在安慰她，說甚麼吉人天相，要她相信命運的安排，肯定會有奇蹟出現的。到將近夜深，黃太離去時，走到兒子的牀前，摸摸兒子的額角，很明顯的是已退燒了。黃太既感到十分奇怪，也覺得難以相信。

翌日，黃太一早來接兒子去看醫生，醫生也說他應該是在逐漸康復中，只要好好療養就是，但黃太一直不敢把真相告訴醫生。

戰勝病魔

自從經過這次變故後，黃先生夫婦就真的相信他們的兒子暫時不宜回家居住。在以後的日子，他不敢再接兒子回家，帶他去看完醫生後，就立即把他送回陳太家裏。

經過半年，黃先生的兒子日漸康復。醫生估計，若根據當時情況順利發展，病情不再反覆不定，黃先生的兒子在一年內可以完全康復。在那段時間內，黃先生夫婦完全遵照「卦」的啓示，讓兒子「衝出重圍」，不敢重蹈覆轍。

果然，一年後，黃先生的兒子經過醫生診斷，完全康復了。但此種病是有復發的危險存在的，醫生認為如果五年內不復發，以後就極少有復發的機會了。到現在，黃先生的兒子早已過了這個危險期，而且在美國完成學業，一九九八年時回港結婚，我也有參加他的婚禮。

經過此事之後，黃先生自然對術數改變了態度，由以前的不甚相信變成十分相信。而且認定當日若非憑術數方面的啓示，他兒子縱使亦會痊癒，亦未必痊癒得那麼快。同時，如果自己不知道兒子有機會康復的話，當日所受的打擊，自己亦未必能應付得來。

在送兒子出國讀書的時候，黃先生夫婦在機場緊握兒子的手，眼中凝着淚水，百感交集。

想到孩子戰勝病魔，到能健康的去外國讀書，當時實不敢期望如此快的實現。從這個真實的個案，可見到術數的作用和如何利用術數去助人。風水固然有它的力量存在，但這個個案最關鍵之處是，我們從河洛理數所計算出來的卦爻中，明白了要「衝出重圍」的啓示。

如果當日不明白「衝出重圍」可能就是搬離家居的話，縱使黃先生的兒子在昌明的醫學上獲得治癒，但試想他每次回家都突發高熱要再送院的情況，我們就知道會複雜許多了。術數是否迷信，這若是迷信是否有害，大家讀完這個真實的個案後不妨靜靜的下個判斷！

風水個案

現在再說一個風水上的真實個案。有一位朋友，姑名之為小伍，年過四十，尚未娶妻。我是在一個很偶然的場合認識他的，由於大家十分投緣和談得來，一見如故，以後便時有往還。

小伍在一個大機構任職電腦工程師，月入頗豐，故朋友都稱之為「鑽石王老五」。有一天，小伍在一個應酬場合上遇到我，拉我到一旁，輕聲的對我說，有一事要我幫忙。我見他如此神秘，便也輕聲的問他是甚麼事，並說如果我能做到的，一定悉力以赴。

結果他說希望我能到他的家裏看一次風水。我聽他這麼說不禁啞然失笑，我便對他說，大家既是朋友，這根本不算是一回事，不必如此隆重和神秘也！結果當日我就答應下週去他家看風水。

到了約定的日期，我攜備羅經前往，在其住宅外面審度一番後，便登門找到小伍。小伍見我依時前來，自然十分高興，這時候他開門見山的對我說，他要我替他看風水，主要是想結婚，問我憑這屋子的風水來看，甚麼時候才有姻緣，又或者是否可藉助風水之力量，使他早日找到終身伴侶。

我見他說得這麼坦白，便也把測量所得坦白的對他說：「這屋子的風水是山星囚了，難添人口，再加上行門孤獨，所以，看來你再住十年，亦難得良緣也！」

小伍聽我這麼說，忙問甚麼是「山星囚了」和甚麼是「孤獨門」。

我便對他說：「這是風水的術語，你大可不必理會，總之我對你說，你再在這屋子住十年，仍將是單身漢一名！」

小伍這時急了，便以試探的語氣對我說：「那你總會想想辦法吧。」接着更用激將法的口吻對我說：「我知你一定有辦法的，不會如此不濟的。」他說完這話後，我知他在看我的反應。

紅鸞星動

我見小伍這麼說，便又故意對他說：「我實在是沒有辦法，看來你要另請高明了！」

小伍見激不到我，便又說：「你總會有辦法的。」

到這個時候，我只有坦白的對他說，風水先生改造風水，是有一定的限度的。有些環境配合的，可能改得很好。但有些全無條件的，則是屬於巧婦難為無米炊了。

小伍聽完這番話後，苦着臉，不知如何是好。

終於還是小伍再開腔：「那麼搬到別的地方去住是否可行呢？」

我低頭的想了一會說：「可以，甚至你搬到隔壁的一幢大廈去，雖然同向，只要找高的單位，可以望到海的，門在現時的單位的相反方向，那就行了。」

小伍聽我一口氣說完之後，默然良久，接着問我，一個人何時結婚在紫微斗數上是否可以看到的？

我答道：「這個當然。」

小伍馬上打蛇隨棍上，立即說：「那麼你快點替我算一次紫微斗數，看我何時才有姻緣，那我就在那個時候找房子搬家，相信這樣配合起來會事半功倍。」

小伍確實不失為一個聰明人，也虧他想到這樣的去配合術數來行事。

結果，我抄下了小伍的出生時間，回家後，當夜為了好奇，飯後就在書房起列小伍的星盤，看看他是否果真終身為王老五。

星盤起列後，竟然發現小伍即將紅鸞星動，本年就有很高的機會結婚。

當夜我馬上打電話給小伍，把實際情況告訴他。

不料小伍說：「你不要開我玩笑了，你知我到現在還沒有女朋友，跟誰結婚呢？」

我接着說：「今年你還有搬家之象，說不定搬家後找到女朋友呢？」

親上加親

小伍聽我這麼說，便很緊張的在電話上問我：「你不是哄我吧！」

我立即以嚴肅的語氣對他說：「我絕對不會哄你，相信為了姻緣配合，說不定你很快就可以找到房子搬家，接着就找到女朋友閃電結婚呢。」

最後，我再清楚一點的告訴他，由於他的星盤是天相星守夫妻宮，配偶可能是同事或舊同學或舊鄰居，是屬於有淵源的，如果有漂亮的表妹，自己又喜歡的話，不妨加強攻勢追求，成功的機會極高。因為天相星守夫妻宮，古有「親上加親」之說。

小伍聽我說得那麼認真，便開始有點相信了，但他卻對我說他沒有表妹，同事與舊同學中或舊鄰居中，他也無法想到有哪一位小姐他較有印象或好感。

聽小伍的語氣，似是否定「天相星」守夫妻宮的特性，但卻又希望紫微斗數所顯示他不久即有姻緣之事靈驗。他內心的矛盾，是很清楚見到的。

終於我對他說，命運之事，很多時是出乎人想像之外的。靈與不靈，多過幾個月不就知道了？

轉眼過了一個月，一天，小伍打電話給我，說他隔壁樓上高層有一個單位出讓，正如我說是可以望到海的，希望我能到現場替他看一下該處風水如何，是否住進去就可以有姻緣。

我攜備羅經到現場替他審度一番後，告訴他風水甚佳，住進去後可有姻緣，且對象將是十分年輕之少女。

小伍聽我這麼說滿心歡喜，認為樓價雖然稍貴仍然值得。

但小伍這個人既聰明又好奇，竟然問我為甚麼堅持要找高層能望見海的。我不理他明白還是不明白，便對他說：「風水學上所說的『山星囚』是指難添人口，但遇水則不囚。」他聽罷搔搔頭皮，一臉狐惑的神情。

赤繩繫足

小伍雖然不明白風水學的術語，但他深知我是不會騙他的。所以，他就以高價買下隔壁高層的一個單位，只簡單的裝修一下就搬進去住。

小伍搬進新居去住之後，就一直關心自己何時可找到合心意的女友。說也奇怪，兩個月後，小伍果然有女朋友了，而且女朋友還是他的同事呢。年紀只得二十餘歲，比小伍年輕許多，不久即閃電結婚了，又合了紫微斗數天相星守夫妻宮的顯示，「親上加親」。

據事後小伍親口對我說，風水的力量確實很大。他說那個後來成為他太太的女同事，他們是認識了很久，但一直彼此都無印象，更無過從。

但在小伍搬進新居後不久，有一天，他們的機構有外商來參觀，帶領外商參觀的就是那位女同事。當時小伍本來是很忙的，但因有人來參觀，便也只好暫時停下工作，就在小伍遊目四顧的時候，他這才發現帶領外商參觀的女同事，原來是那麼漂亮和婀娜多姿，他為她的丰姿着迷了，便立下了心願追求。

就在當日來參觀的外商離去之後，小伍已急不及待的約會那位女同事。不知是小伍紅鸞星動，月老為他赤繩繫足，還是他新居的風水發揮了威力，那女同事立即答應了小伍當夜的約會。

這次的約會，雙方都玩得很開心，看電影、晚飯、跳舞，直至深夜小伍才送她回家。

自此以後，小伍與那位女同事的約會愈來愈頻密，大家都十分喜歡對方。終於小伍此次拍拖，前後不過兩三個月的時間，就有了結果，宣佈結婚了。

小伍結婚之夜，大排筵席，我自然亦在被邀之列。記得當夜在新郎與新娘敬酒之時，小伍在我耳邊低語了數句說話，我笑他不是太心急了乎！

希望添丁

原來小伍低聲對我說：「明年再請你薑酌。你認為機會如何？」

我只是笑笑，亦低聲的在他耳邊說：「得隴望蜀，人之常情，今天才結婚，便望弄兒之樂，不是太心急乎？」

這時幾個小伍的好朋友走過來鬧酒，他便急急的對我說：「蜜月回來後我再找你聚聚。」

小伍說是這麼說，但他蜜月回來後並未有找我，因大家都忙的關係，有好幾個月沒有見面。

有一天，小伍突然打電話給我，要求我再去他家裏看一次風水。

我在電話中對他說，通常看風水，是看一次就夠了，不必常看的。

但小伍在電話中說，他懷疑他家居的風水有變，希望我無論如何到他家走一趟。

終於經不起小伍的再三要求，帶備羅經再到小伍家裏看一次。

果然，小伍真是聰明人，他家裏的風水確實有了改變，因為這幾個月來，在他睡房的對面不遠處正在建築一道新的天橋。在小伍家裏看出去，清清楚楚的是一道反弓的天橋。

我把實際情況告訴小伍，並說那道天橋對他的太太影響最大，如頭痛或撞傷頭部等。

小伍聽我說罷，頻頻點頭稱是，後來他告訴我，他太太確實全有這些現象。

小伍這人倒也十分灑脫，他對我說：「既然這屋的風水有變，那麼大不了再搬家。不過這次搬家，又要勞煩你落足眼力了，我要求甚麼你應該是知道的。」

我便故意的問他想要求甚麼，想發財乎？

小伍連忙擺手說非也，他在我耳邊低聲故作神秘的說，如果一定要搬家，那麼就要找旺丁的了。

小伍說他自己年紀已四十多歲，既已遲婚，自然希望早點添丁。

小伍的心情我是了解的。

安胎有法

小伍亦確是有辦法，只過了三天，便又打電話給我，問我幾處地方的風水如何，其中有一幢坐落北角的大廈，我以前是曾經去測度過的，知道風水不壞，便告訴他可先看該大廈的單位。

兩天後，小伍就約樓宇經紀與我一同去看樓，終於我替小伍選定了一個單位。

數月後，小伍收樓及裝修妥當後便搬進去住，只住了一個月，太太已告懷孕了。

小伍不知道效應那麼快，那時剛好在聖誕期間，兩小口子還經常出去跳舞，有時玩至深夜才回家。

直到有一天晚上，小伍的太太回家後，覺得十分不舒服，第二天去看醫生，才知有了孕。

小伍知道太太有孕後，高興得跳起來，但醫生囑咐他要小心看護太太，以防流產，不料小伍聽醫生這麼說之後，又打電話給我，問我在風水上可有安胎的辦法。

結果，我教他在屋角之處，放一盞紅燈罩的枱燈。

當然明白玄空學之讀者，一定會知道那是在山星八白飛到之處，紅燈是助旺八白，那麼對生產懷孕都會有幫助。

果然，小伍依足我的說話去做，太太懷孕就很順利和平安無事，終於順利生產。

到現在，小伍有子萬事足，每天下班後就回家弄兒為樂。

而經過一連串事件後，小伍雖然是一名從事尖端科技工作的人，但對風水之道理也深信不疑了。

小伍這個故事，他的許多朋友都知道的，大家無不嘖嘖稱奇。

同時有好幾位小伍的同事，也是從事電腦工作的，同樣十分相信風水之學，他們認為這是中國一門有關地磁學的學問，只是一時間未能找到理論根據。

從事科學工作的人，他們所採取的態度往往是：「我們不懂的，並不一定是錯的。」可見他們是極其客觀的。

術數與通靈

前文所提及之「養鬼仔」，不論真假，那是屬於帶點邪門之事，與術數無關。至於據說修煉密宗之人，到了某個層次或境界，可以達致「天眼通」和「他心通」等，但這種通靈，是屬宗教上的，也與術數無關！

至於有沒有那種術數，如精通的話，能達致通靈的境界呢？

在我個人認為，如果精通六壬數的話，真的近乎「天眼通」與「他心通」的。因為六壬數能占問之事甚廣，而且準繩度奇高。它能占問的事包括有：（一）晴雨；（二）婚姻；（三）胎產；（四）家宅；（五）疾病；（六）謀望；（七）官祿；（八）財物；（九）行人；（十）逃亡；（十一）盜賊；（十二）詞訟；（十三）訪謁；（十四）出行；（十五）墳墓；（十六）失物；（十七）交易；（十八）奴婢；（十九）豐歉；（廿）田蠶；（廿一）六畜；（廿二）狩獵；（廿三）怪異；（廿四）射覆（即猜物件）。

除上述之外，它還可以占「行兵遣將」等戰術上的問題，覆蓋的範圍甚廣。所以我常勸我的門生多習六壬，因為不管你精通哪一門術數，包括八字、紫微斗數、鐵板神數、風水學等，如果有六壬數從旁輔助，那真是如虎添翼的。

對於鐵板神數來說，六壬數對它的輔助性更強，當然你必須兼通八字及紫微斗數，然後可以在鐵板神數上揮灑自如！

在我來說，近年我常用的一招是，有朋友打電話給我要我替他們算一次紫微斗數，或希望在風水上助他們解決一些困難等，我就常利用他們打電話來的時間起一課六壬數，他們出現些甚麼問題，大致上都已一清二楚。

在風水上，六壬數同樣可作一有力之輔助工具。譬如朋友打電話來說，他找到一所房子，但不知風水如何？要初步的了解，你大可不必到現場去，就利用他打電話來的時間起一課，那麼，他所找到的那座房子風水如何，大致已知一二。當然，能到現場去看，那就更清楚不過。

至於算命，情形也一樣，照上述情形起一課，那麼他的家庭和事業的狀況，是夫妻不和還是疾病纏繞，又或是事業上遭受到挫折。當然，層次愈高，能看到的事物更多和更詳細，這對算八字、紫微斗數而至鐵板神數，都有極大的助力。

以上述的情況看來，你說是否近乎「天眼通」與「他心通」呢？

所以，凡通六壬數的人，必定相信「舉頭三尺有神明」，只是他們無法確定這神是誰而已！

不少人問過我，如何才能把六壬數學好。我的答覆是，第一你要先熟習子平命理和紫微斗數，再加上有名師的指點，那就較易成功。

在我熟習六壬數之後，有些事情使我感到特別有趣的是，當有朋友介紹一位陌生人讓你認識，你只要馬上起一課，那麼那人的身世如何，家居風水好壞，事業與健康情況如何，大致都能知得頗為清楚，而且不必知道那人的生辰八字，當然能知道就更好，這是其他各門術數難以做到的。

雖然說來對不懂術數的人來說，似乎帶點詭異的成份，但事實確實如此！

在這方面，我其實可以說上許多真實的個案，現用一兩個個案來說明一下：

話說在二〇〇四年底踏入八運不久，我看中一個單位，在某大廈的頂樓，坐卯向酉，山水亦配，那是七運建成的屋宇。我陰念如果買下來，因它是頂樓，開天窗及大裝修便可改作八運，八運坐卯向酉是為雙八到向，而左邊坤宮是零神，亦有水，右邊是城門，亦夠空曠，應屬好風水之單位。

那天我心念動時剛巧與六壬數高手容老師一起，我心想客觀並請容老師代我起一課，看該樓宇單位的風水情況怎樣。

容老師在六壬數上的修為，是我最推崇的。他拿起紙筆很快就起到了三傳四課的六壬數盤，他是從未去過那單位的，也不知那單位在甚麼地方。

他思量了一刻便對我說，你想買的那個單位前邊應有水及有橋樑，我說對的。接着他又說在屋後不遠地方還有一座廟宇。這個本來我亦沒有留意的，他這麼一說，我細想一下，的確是在屋後不遠的地方有一座廟宇。

接着他問我該單位開甚麼門？我答說是艮宮門。他隨即說這單位的風水不佳，經已退氣！

我隨即對他說，那單位是七運建成的，到現今八運，當然不佳。特別若以七運推算，走艮宮門就是六二，是為天地否卦，七運時雖云零正相反，但仍屬到山到向及全局合十，七運可用，八運則退，甚明矣！但我打算把它改作八運，方法如上述，那麼是雙八到向，行門艮宮是為九七，亦不弱也！

不料容老師說，六壬數的推算，是推算它的現狀，現狀不佳就是不佳！你若心想把它改建為八運，那就要另起一課。

結果，容老師再起一課，所得的結果真如我想的一樣。這事在一般人看來，靈驗之外，亦帶點詭異也！

但一個人擁有甚麼和住在甚麼地方，很多時也講究緣份，結果那單位在我討價還價時，給人捷足先登買去了。但那買家是否懂得把它改作八運，那我就不知道了。

為甚麼到二〇〇四年踏入八運後，我急於找房子呢？原因之一我算到自己在二〇〇六年丙戌年會有一劫！希望借助風水的力量去避一避。

話說我在《明報》退休時，那年無意間給我找到了一個風水不錯的單位。

那是七運坐午向子，雙星到向，向前有水兼水後有山，後山亦佳，而巽宮一四來路空曠，「假打劫」之局已成，城門在艮宮亦有水。我在該處住了十多年，退休的生活總算過得去和閒適。

記得當年我新搬進該單位時，風水名家馬師父，以及六壬數高手容老師都曾到我家來過，他們都一致認為我住的房子風水不錯。而與我對自己的單位的分析及意見亦一樣。

但到二〇〇四年入了八運後，雖然稍退，但未全退，因大門為開未宮門也！只是到了二〇〇六年丙戌年，三入中宮，八到向前，是為山星落水，既易損丁破財，再加上艮宮五九位有地盤在動土，丙戌年時是為飛星太歲到，所以我為了未雨綢繆，就先找好房子，準備丙戌年搬家暫避。

在前述那個單位我買不到後，不久給我發現九龍某區有一個新屋苑，屬八運的，有多個座數和兩個坐向，其中坐戌向辰的自然不取，但其中有坐丑向未的，屬八運最佳之坐向也。以巒頭來說，有部份雖屬丑未向，但嫌甚飄，只有中間一座對正一個大泳池的最為可取，其中一個單位走坎宮門的我最喜歡，是該座八個單位中最好的一個，其中走震宮門的自亦不取也！

終於，我買了一個走坎宮門的單位，但因為單位面積小，我書籍太多不夠我用，心念先買一個，容圖後計，到時或租或買多兩個單位，那就夠用了。

不料人算不如天算，在我買了那個單位後，轉瞬間風起雲湧，整座大廈該單位都給人高價搶購一空，可見在香港懂風水學的人也不少！到今年丙戌年，我想搬家了，但那單位太小，想租多一個相同坐向和開門的單位或買多一個單位，都無人放盤租或賣。

結果怎樣呢？在這裏賣一下關子，我還算有運，終於輾轉給我找到一個風水不弱的房子，於丙戌年立春時搬家去了。

可見一個人住在甚麼地方，有時的確很講緣份。寫到這裏，不期然使我想起馬師父之事，亦堪一記。

馬師父是我的好朋友之一，他在二〇〇五年乙酉年辭世了。現在不妨透露他的真實姓名和他的一些往事。

馬師父真名是馬仁騶，他的風水學是父親教的，據說他父親當年曾追隨已故風水名家沈瓞民學風水。

我曾問過他如何學風水的，他對我說幼時父親每天要他抄書，抄的就是《沈氏玄空學》及一些古籍，當時年幼不求甚解，到年長了，在父親指點下，一下子就通竅而成為風水名家了，只是他個人作風十分低調，所以坊間知其人者不多！

他的命造我是知道的，他生於丙寅年，比我大幾歲，是廉貞化忌與破軍同宮在卯宮守命。他的去世，在八字與斗數來看，都是天數已盡，無法可救。

在他去世之前數月，在醫事安排上，我也盡了點綿力。記得當日容老師暗中起了一課六壬數，並悄悄的對我說：「馬師父看來過不了端午節。」果然馬師父就在端午節前幾天辭世了。

在這個個案，說明許多事都講緣份及似注定了的。

回頭說馬師父發病當年，他不是不知道自己住的房子風水有問題。他曾經為此而搬家，不料新搬去的地方，對面的房屋不久就拆卸改建，變成一個很大的地盤在動土。本來以事論事，他應再找地方搬才對。

可能是命中注定或他藝高人膽大，卻搬回舊屋去！

而容老師當年亦曾替他的舊屋起了一課六壬數，這我是知道的，該課頗凶，是為太歲乘白虎為官鬼臨宅剋身。容老師亦勸他搬家，不知是否真的命中注定，馬師父竟沒有聽入耳中，只是盡力化解，沒有搬家而終於一病不起，享年八十，亦數也！

馬師父臨終前數月，情緒十分波動！有好朋友打電話給他或去探他，他很多時都表現得很沮喪和飲泣，有時更真的哭起上來！

至於他情緒為何如此激動，我心裏是十分明白的，只是不好寫出來。

玄空瑣記

在港島某條街道上，有兩間餐廳相連在一起，其中一間生意奇好，而另一間則生意較差，有略懂玄空學的朋友問我，為甚麼兩間店舖巒頭一樣，坐向相同，開門的方位亦相同，為甚麼會一間生意好而另一間生意較差呢？

他這樣問我，我一時間也答不上來，後來我說那應總有點個別的，否則不會有上述的情形發生。

結果一天中午，那位略懂風水的朋友帶我到那兩間餐廳去一看究竟，以滿足他的好奇心和解決他在風水上的疑問。

那兩間餐廳同在一條街道的中央位置，是屬坐丙向壬，六運建成的樓宇。兩間餐廳同樣是開艮宮門，在七運期間同屬五七旺門。我分別進入兩間餐廳後，稍一停留我已知問題所在，其關鍵在於兩店均有後門通向天井，生意好的一間後門開在坤宮四八旺門，另一間生意較差的後門卻在巽宮，是為一二弱門，氣口之旺弱，就是兩店生意不同的關鍵所在。

朋友聽我的解釋後，十分開心，好像開竅明白了很多東西似的！其實這不過是玄空學的一點滴道理而已。

緣份與際遇，有時確是很奇怪的一回事！

話說在一九九一年間，時值七運，本港有一位名醫在山頂買了一間獨立屋，他邀我去看一下風水如何。該屋是七運建成坐午向子的獨立屋，山水亦配合得很好，走離宮門六八旺門。我記得當時我對那位名醫朋友說，該屋風水甚佳，但若能在震宮（東面）開一門會更好。

那位名醫聽我這麼說就馬上找到他一位建築師朋友，要他看看能否在東面（震宮）開一門。

不料他那位建築師朋友也學過風水的，只是層次不高，這是我後來才知道的！他對那位名醫說，不能在那屋的東面（震宮）開門，不是建築結構的問題，而是風水的問題，因為該屋七運坐午向子，震宮就是五九，有五黃在，不能動也！

那位名醫即時對他說：「那是紫微楊教我這樣做的。」

那位建築師也算是聰明人，和具有學者的態度，不像一些江湖術士，見我做的東西他們不明白，便硬說我做錯而把它反過來，結果因而累己累人，一點追求真理的態度也沒有！

那位建築師聽說是我教這樣做的，便隨即對那位名醫說：「五黃這麼簡單的東西，紫微楊不可能不懂的，五黃飛到的地方他都夠膽叫你去動，其中一定有玄機的。」

他隨即問那位名醫能否約我出來午餐或晚飯，以釋疑團。

結果我應約在一天中午到中區一間酒樓午餐。甫坐下經那位名醫介紹過後，那位建築師已急不及待的把那問題提出。

我這個人的態度是，如果問我問題的人，我覺他是謙虛好學，大家又有緣的話，我是會把問題關鍵所在直告的。

記得當日我對他說，這個震宮五九可用，其一是五黃由三逆飛而來，且屬零神所在，而更妙的九在震宮是為先後天同位，所以不但不怕，用得着時發得更快。

那位建築師聽完我的一番道理後，初時仍有點不大明白，但經過再一番解釋，他終於明白過來，且覺得另有一番天地。

他也確是聰明人，從此個案他明白了他自己住的地方選錯了單位。原來他住的地方也是七運坐午向子的，一梯兩伙，分東門和西門，他說他與數名師兄弟都是選西門的一四門，而無人選東門（震宮）的五九門。他還對我說，主人房門也是走一四的兑宮門的。當時他們這個選擇是認為一四功名大顯也！

不料我對他說，這個局在風水來說，因洩向星之氣，極難添丁。他如果想添丁的話，最好不要再作任何修補，索性搬家好了。

終於他在近郊找到一所房子，七運坐酉向卯，走坤宮門，艮宮來路加上前面有水。我也認為是吉宅，他入住後不久就添了男丁，而事業亦一帆風順。他後來經常來找我，要我收他為學生。但我收學生是講緣份，從來都是不收學費的。終於到今天，我們的關係可說是亦師亦友。

第九章
閒談玄空

科學解釋

許多人以為信風水的，多是市井中人。其實這個觀念是很錯誤的，在香港，極多高級知識分子也十分相信風水。

我個人所交往的朋友中，有不少專業人士，包括醫生、律師、會計師、工程師，都是高級知識分子，極度相信中國的風水學。只不過，他們與市井中人有點分別，他們比較懂得鑑別從事風水工作的人，哪些是江湖術士，哪些才是真正風水學家。

同時，他們中不少人且是略懂玄空之學的，只是平常極少談論。

他們對風水學的解釋，多與前文所提的那位電腦工程師相去不遠，都認為是中國一門古老的地磁學。

我有一年到外地去旅行，聽到一位醫生解釋中國的風水學，使我大開茅塞。

據該位醫生說，中國人說一個人的印堂（即兩眉中間的地方）如果發黑，那就是行衰運，是十分有道理的。

我當時聽他這麼說便特別留心他接着下去的說話，所以印象很深刻。他接着說，據他從解剖上所知，每個人的「印堂」中，細胞的金屬性特別強。所以，如果一個人經常在某個地方，或坐在某個地方工作，磁場如果不對的話，那麼，「印堂」的金屬性細胞就可能被磁化了，因此「印堂」就發黑。

而最重要的是，那些細胞與每個人的靈感、預感力甚至方向性都十分有關係的，所以，那些細胞磁化了的話，整個人就好像廣東人所說的變成「懵閉閉」了。

試想，在這種情況下的人是否行衰運呢？一個人做事甚麼都後知後覺的話，不失敗才怪哩。

接着，他更說出一番更驚人的理論，就是那些金屬性的細胞被磁化了之後，更有可能引致身體上的內分泌混亂，某種內分泌增多或某種內分泌減少，從而引起某些疾病。

大膽假設

該位醫生接着說，所以，有功力的中國的風水學家，看見某人的牀安放錯誤，如果有病的話，他們更能清楚的說出當事人患的是甚麼病。至於風水學家所用的辦法，譬如教人如何安牀、寫字枱應在甚麼地方、哪個地方應有金屬品、哪個地方應配上甚麼顏色等，極可能是一種制止細胞磁化的方法。

中國人在風水學上特別注重顏色，他同樣認為是有理由的，他認為顏色是一種光波，有不同的波長，可能足以干擾磁場的。

該位醫生在某個地方是一位十分著名的醫生，他本人既十分相信中國的風水學，對中國的風水學亦略有研究，但最難得的是，他對中國的風水學作了大膽的假設。

科學家一般就是有這樣的精神，所謂「大膽假設，小心求證」。

但一般閉塞或自大的人呢？不管他三七廿一，自己不懂的東西，就先否定它再說，指它為迷信。

當然，江湖術士與一些不學無術之士，把中國的風水學污染得很厲害，也易使一些從未接觸過真正風水學之人對風水學有所誤解。我常說，中國的風水學，是有一套極為完整的理論和數字根據，它決不是憑個人靈感來定奪吉凶的東西。只是風水學入門既難，要學到精湛更難。自己從事研究術數數十年，鑽研過多門術數，而且一生也在極度低調之下默默耕耘，這其中固然有我自己的目標。在這多年中，不少朋友問過我，我鑽研過那幾門術數中，到底哪門術數我覺得特別有用。我對不少好朋友都作同樣而且是誠懇的答覆，那就是我認為各門中國術數中，最值得我們花精神去鑽研的，就是「玄空學」（風水學的學名）。而我自己本人亦認為，在我懂得的幾門術數中，使我最受益的，也是「玄空學」，主因是它替我除去了不少人生路程中的障礙。

斗數個案

多年來梁玳寧小姐在她的專欄中，提及一個我與馬老師聯手救人的故事。故事是真實的，但稱我為大師則愧不敢當。

那個故事我幾乎忘記了，既未刊載在我所著的《術數述異》中，亦從未寫過出來，主要原因是那個故事情節十分簡單。

話說有一天晚上，我正在《明報》編輯部埋頭工作，枱頭的電話鈴響，接聽之下是一位女士的聲音，劈頭第一句話便說她是梁玳寧小姐的朋友，這個直線電話號碼是梁小姐給她的，她說她姓×，希望我幫她一個忙，替她算一次紫微斗數，並說她亦知道我不大替人算，但因為自己覺得是在生死關頭，希望我能勉為其難。

她說她患上腎病，已到了要洗腎的邊緣。如果洗過一次的話，那麼以後就要不停的洗了，因為人體中腎這個東西是很奇怪的，只要洗過一次，它就永不再恢復功能，以後就要靠洗腎來過活。

她接着似泣非泣的說，她現時生活在十分徬徨與痛苦中，面目浮腫，顏容大變，既無法工作，再加上失戀，便常常想到以自殺方式來結束生命。

我聽她一口氣說完，覺得實在淒涼，加上她又是梁玳寧小姐的朋友，便答應去看她。

當夜她把她的地址和出生時間告訴了我，我答應明天下午就去看她。

當夜下班，已是深夜，回家後洗過澡，便躲進書房去替那位×小姐算列星盤。

星盤起列後，再分析和研究一番，已經天亮了。

但我覺得×小姐的星盤，顯示出她雖有極大的困厄，但應該是有救的，由於她的田宅宮忌星疊至，我便相信她的家居風水必有問題。

所以，翌日我依址前往找×小姐時，是帶備羅經前去，暗中察看一下她的家居的風水。

遷居得救

果然不出我所料，×小姐的家居風水確有問題，二九到門，加上當年一白飛星又到門，本來二九已主會出現血的問題或心臟病，加上一白屬水又到門，則出現腎病就一點也不出奇。本來，在這種情況下，風水是有解拆之法的，但因我兼看她紫微斗數的星盤，覺得她的田宅宮既然忌星疊至，則似乎搬家才是最佳的解決辦法。利用風水的方法去解拆，則頗嫌有治標不治本之弊。當日我就把我的意見清清楚楚的告訴了×小姐，並建議她找風水大師馬師父再看一下家居風水或代為覓地搬遷。正是一人之計短，二人之計長也。

據我記憶所及是，馬師父看過她的家居風水後，也不反對她搬家。但搬去哪裏最好呢？當時在鰂魚涌有一幢大廈，是新落成的，我與馬師父都曾去看過實地的示範單位，大家都覺得該廈風水不錯。

我印象特別深刻是馬師父在看示範單位時，曾靜靜的對我說出一些他的心得，認為在裝修上若加某些特殊設計，可再提高該單位的風水分數，我聽了覺得實在聰明，因此記在心。就在×小姐再三問我搬到哪裏最好時，我就想到了該幢大廈，並把地址告訴了她。

×小姐倒也十分謹慎，在購買該大廈某個單位之前，也曾徵詢我們的意見。到買下來之後，再請馬師父去教她如何裝修。

本來該大廈的單位訂價，若照當日的地產市價來說，是稍貴的，但×小姐既信該處風水好，希望住進去後藥石有靈，倒也不計較許多了。事情就是這樣奇怪，×小姐住進該單位後，藥石果然有靈，同樣是看醫生，但效果卻比過去好了不知多少倍，不夠半年，竟然完全痊癒了。這個個案情節十分簡單，我只不過勸×小姐搬家而已，她就獲得康復。所以這個個案若非梁玳寧小姐提及，我也幾乎忘記了！

風水口訣

中國玄空學的力量大到甚麼田地，一個風水名家在看完一間住宅或山墳後，能知道的東西有多少，許多沒有接觸過真正風水學的人都不甚了了。玄空學的飛星數可代入卦中，從而知其吉凶，它的數字由一至九，各有意義。至於它能看到多少東西，請看以下從《玄空秘旨》摘取的舉例：

●山風值而泉石膏肓。

以數字來説是八與四，得令時縱入仕途，亦每多孤芳自賞，有其獨特之高傲。

●午酉逢而江湖花酒。

以數字來説是九與七，以卦來説是離兑相逢，中女少女，皆屬陰神，住宅開門遇之，多出好色之人，亦一般人所言之桃花甚旺是也，亦應在今人之喜到夜總會尋歡作樂者。

●虛聯奎壁，啓八代之文章。

以數字來説，是為一六相逢，金白水清，當令時，文才傑出。

●胃入斗牛，積千箱之玉帛。

以數字言，是為七八，在下元主富。

●雞交鼠而傾瀉，必犯徒流。

以數字言是為一七，失令時水冷金寒，必犯徒流破財，古時則充軍有之。

●雷出地而相衝，定遭桎梏。

以數字言是為三二，三為震卦為雷，二為坤卦為地，失令時必惹官非。若宅運在當旺時，雷地成豫卦，亦必主腸胃之疾，是為「豫擬食停」也！

● 火剋金兼化木，數驚回祿之災。

以數字言，是為九七，紫白訣曰：九七合轍，常遭回祿之災。九為離為火，七為兌為金，火剋金兼遇木，則常有火災之事發生。

至於該宅人口是聰明還是愚鈍，風水亦能看得清楚：

● 木見火而生聰明奇士。九三與九四是也。

● 火見土而出愚鈍頑夫。失令之五九是也。

貧富可定

上文摘錄《玄室秘旨》之口訣，可知玄空學能推斷很多東西，現在繼續摘錄，讓未接觸過真正風水學的讀者知多一點東西：

● 苟無生氣入門，糧艱一宿。

可見衰敗之屋，恐怖之極，是為連隔宿之糧也沒有。

● 會有旺星到穴，富積千鍾。

可見旺星到向之重要，富積千鍾實憑此也。

以下更是一些十分關鍵和重要之口訣，一般之風水名家，多能熟讀：

●腹多水而膨脹。

以數字言是為一二，一為坎為水，二為坤為腹，一二同臨，自主腹疾。

●足以金而蹣跚。

以數字言是為三六與三七之應，震為足，遇金剋故有蹣跚之感。

●巽宮水路繞乾，為懸樑之犯。

巽為繩，乾為頭，巽宮水路繞乾，形勢相纏者，主有懸樑之厄。

●兑位元堂破震，主吐血之災。

山得三，水得七，恰逢向首。兑為口為血為肺，震為肝，兑以震為明堂，明堂者聚水處也，兑被震所沖破，肺肝兩傷，故有吐血之應。

●風行地而硬直難當，室有欺姑之婦。

以數字言是為四二相逢，以卦言則屬風地觀卦，巽為風為木為長女，坤為地為老母，巽剋坤是故必出欺姑之媳婦。

● 火燒天而張牙相鬥，家出罵父之兒。

乾為天為父，遇離火來剋，形勢更如張牙舞爪者，則必出不孝之兒子。但以失令為是，若屬當令，又有不同看法，以上各口訣所言均作如是觀。

● 兩局相關，必生雙子。

所謂兩局相關，是說「到山到向」之局，山外有山，向水之前又有明水，局勢寬大，則必生雙子，亦即雙胞胎之謂。

壽夭可證

風水學也可推斷疾病，請看以下的摘錄：

● 坎宮高塞而耳聾。離位摧殘而目瞽。

耳聾與目瞽，在風水上均能推斷。

● 兌缺陷而唇亡齒寒。

兌方出現缺陷，或為水沖敗，皆主缺唇、音啞、口喉諸疾。

● 艮傷殘而筋枯臂折。

艮位遭遇摧殘，以艮在卦言屬手，故有筋枯臂折之應。

● 山地被風，還生瘋疾。

以數字言為八二四，八為艮為山，二為坤為地，皆屬土，遇巽木來剋，有瘋疾之應。

● 雷風金伐，定被刀傷。

震為雷、巽為風，均屬木，失令時為金所剋，定主為刀斧所傷。

● 家有少亡，只為沖殘子息卦。

生氣受剋，子息位有損，則有少年亡者之應。

● 庭無耋耄，多因裁破父母爻。

父母卦位被沖破，則家無耋耄。

● 漏道在坎宮，遺精洩血。

坎為水為腎，主精血，是故坎宮傾瀉，主有遺精洩血之應。

● 破軍居巽位，癲疾瘋狂。

巽為風為木，遇七赤破軍之金所剋，失令時有癲狂之疾。

●金水多情，貪花戀酒。

以數字言，是為一七，一為坎為中男，七為兑為少女，主男女多情。坎又為水為酒，兑又為金為娼，失令之時，有貪花戀酒之應。但當令之時，則不可以此觀之，如現在適值七運之時，金水相生甚吉，亦《飛星賦》所言「破近文貪，秀麗乃溫柔之本」也。故玄空學與其他術數一樣，甚講究是否當令，以現代語言來説，是時空之是否配合也。

●木金相反，背義忘恩。

木為仁，金為義，三六逢而形相反，金又剋木，失令時乃有背義忘恩之應。

莊生與買臣

為了讓讀者知道更多風水上的作用，不妨再作風水口訣的摘錄：

●天市會丙坤，富堪敵國。

是為九八二火土相生，主富敵國。

●離壬會子癸，喜產多男。

水火既濟，故多男。

以上兩口訣，古時之人均甚重視，尤以前者富堪敵國，不論今古，豈有人不想得者，反而多男方面，今人反不甚重視。

● 風行地上，決定傷脾。

《玄空秘旨》稱為「室有欺姑之婦」。但同時因木剋土，故易傷脾。

● 火照天門，必當吐血。

《玄空秘旨》云「家出罵父之兒」，若形勢險惡，更犯血症。

● 木見戍朝，莊生難免鼓盆之痛。

以數字言，四六是也，巽為長女，乾金剋之，故主剋妻。

● 坎流坤位，賈臣常遭賤婦之羞。

以數字言是為一二，坤土剋中男，主遭婦辱，而一二同臨，失令時亦主孤獨。

● 坎宮缺陷而墮胎，離位巉巖而損目。

坎為血卦，遇缺陷故主墮胎。以離為目，遇巉巖故主損目。

● 輔臨丁丙，位列朝班。

以數字言，是為八九，《紫白訣》亦有云，八逢九紫，婚喜重來。

● 巨入艮坤，田連阡陌。

以數字言是為二八，艮坤為土，故旺田園。

● 名揚科第，貪狼星在巽宮。

以數字言是為一四，一白逢四綠，得令時主文章出眾，功名大顯。

● 職掌兵權，武曲峰當庚兑。

以數字言，是為六七，應在下元，當令時為武職型官，失令則為交劍殺。

範圍甚廣

另一在玄學上頗著名之《飛星賦》，亦為習玄空者必須熟讀之文章。茲摘其要者以饗讀者：

● 乙辛兮家室分離。

震木為兑金所剋，乃有家室分離之兆。

●辰酉兮閨幃不睦。

辰酉者，辰即巽，為長女。酉即兑，為少女。皆陰神而金剋木，致主閨幃不睦。

●青樓染疾，只因七弼同黃。

以數字言為七九五，七九為桃花，亦稱江湖花酒，五黃性毒，遇之則主患風流病。

從這句口訣，相信不少未接觸過玄空學的讀者會愕然，原來某宅人患上風流病如楊梅瘡毒之類，在風水上也可看到者。

●寒戶遭瘟，緣自三廉夾綠。

以數字言為三五四，失令時遇之瘟疫必發。

●豫擬食停。

以數字言為三，合成雷地豫卦，震剋坤土，坤為腹，故有食停之患。

●臨云瀉痢。

以數字言為二七，合成地澤臨卦，兑金瀉坤腹之氣，故主痢。

●頭響兮六三。

六為乾為頭，三為震為雷為聲，故頭鳴。

●乳癰兮四五。

四為乳，五膿血，故主乳癰。

●木反側兮無仁，水欹斜兮失志。

木為仁，飛星所到之處，形勢反側，便無仁慈之心，而坎為志，欹斜與形不善則失志。

●砂形破碎，陰神值而淫亂無羞。水勢斜衝，陽卦憑則是非牽累。

此四句道盡陰陽之重要，二四七九陰神滿地，則犯淫亂。全屬陽卦一三六八，則又偏多是非。

至此已錄了不少玄空學的口訣，當然無法盡錄。從所錄口訣中，讀者不一定了解其來龍去脈，但應該可令讀者明白到玄學不但有探幽索隱之力量，在推斷吉凶方面，範圍亦甚廣大。

察來彰往

玄空學有一套極為完整的理論，至於飛星的數字如何得來，也有一個既定之程式求得。是一套極為活潑多變的術數，而且有「兼」有「替」，要學得精湛，頗為不易。

讀者宜多咀嚼與回味，如《飛星賦》之開始幾句：「周流八卦，顛倒九疇，察來彰往，索隱探幽，承旺承生，得之足喜，逢衰逢謝，失則堪憂。」其中有極深的含意。從以上這幾句話，可以看到現時許多人之談風水，甚麼「門對門就不宜」，「牀頭不可向西，否則就一路歸西」等刻板的硬套，是如何把玄空學污染了。真正明白「周流八卦，顛倒九疇」之意的人，就一定不會說出上述的刻板話。

曾經有不少人問過我，想真正的去學好風水學有甚麼辦法？

我的意見認為，第一當然要找到真正懂玄空學的師父，因為當今濫竽充數的人太多，有完全不知風水學為何物之人也夠膽在傳播媒介胡亂吹噓，甚至著書立說。

第二，在懂得玄空學的基本理論後，最好能多習數門術數，其間如「子平」、「河洛」、「卦理」等，都有助風水學上的進修。因為如果熟習「子平」的話，對五行生剋制化會有更多的了解，熟習「河洛」，則對如「山澤通氣」等理論，會有更深的認識，至於「卦理」，因風水在推斷事物上用得頗多，對「卦理」有深切的認識，對風水學的深造肯定有幫助。至於是否能懂「紫微斗數」及「鐵板神數」更好呢？這點我認為反而不重要。

同時，亦有不少人問過我，如何才稱得上真正懂得風水的「風水家」。第一，當然要熟習玄空，推斷正確。

如何才是推斷正確呢？假如有一空置的寫字樓單位，有人邀請你去看風水時，首先你必須能推斷這空置的寫字樓，上手的人是因賺了錢要擴充而搬遷還是虧了本而搬遷？

無關宗教

再如看一個住宅單位，也應可以看出住在其中的人，近年的運氣與財運如何，如果有病會有甚麼病等，都可瞭如指掌。

我常認為一個真正懂風水學的風水家，在看完一間寫字樓或一個住宅單位後，如果出現甚麼問題，既應能提出解拆的辦法，也同時應該作出一些建議，使戶主能有一個概念，知道本身居室的實際風水情況。

如不久前，有朋友想租一空置的寫字樓，是在九龍區，七運巽乾向，他邀我去看風水，當時我就清楚的對他說，上手的人一定虧了本而去，因為屬上山下水格局而該單位走坎宮門，雖屬「城門」，但二四到門，巒頭不吉，電梯位置亦不吉，故我勸他放棄。

後來那朋友去查一下上手的人經營的情況，果然是虧了大本而結束的，那他就自然會接受我的建議。我常說，玄空學之具有價值和力量，就在於此，它可使一個人減少許多不必要的挫折，從而達到真正趨吉避凶的願望。

只是據我所知，不少人請人看風水，有些所謂「風水先生」，只是在所看的地方掛些東西如三叉八卦之類，一句話也不說就收錢離去，這樣的看風水，看了等如沒有看，因為戶主完全不了解自己地方的吉凶情況。

但這類的風水先生本港多的是，他們甚至羅經也不備的。有些則連羅經也未必看得懂，但卻帶一個極大的羅經出來去唬人。五花八門，古靈精怪，使許多從未真正接觸過中國風水學的人，以為風水就是如此，那才使人痛心。

更有一些把風水與拜神混在一起的，你請他看風水，他就替你拜神，那更為風馬牛不相及。因為真正的玄空學，本身是一門有完整理論的學問，與任何宗教無關。

不少人把風水學與迷信扯在一起，我認為有很大部份就是給上述那些人胡搞所誤導了的！

目標與心意

最近，我在某社團邀請之下，發表了一次演説，講題是《我對中國術數的抱負》，現在不妨再簡單的覆述一次：

中國在清代之前，不少知識分子喜歡鑽研術數，有些人甚至學得甚有成績。但民國以後，歐風東漸，大家都講科學之時，好像術數就是迷信和不科學的東西，知識分子去研究它的日少，漸而大家就把術數目作是江湖術士混飯吃的把戲。

在近數十年，術數可説被人污染得十分厲害，不少真正懂術數的人，也因江湖術士充斥，怕被人目為同類，而不敢宣揚自己懂得術數，甚至不少從事此行職業的人也存有很大的自卑感。

我自己也可説是知識分子，從事鑽研術數多年，見到上述情況不免痛心，便決心把術數提高到另一個層次、讓知識分子可以正面的去研究；換句話説就是把術數交回到知識分子手中。所以，我的第一部著作《紫微閒話》，就是循此路徑走去。接着我再寫《清室氣數錄》，是混合歷史與術數的一部著作，都是很着力的去把術數提高到另一個層次的。

再後來我寫《天網搜奇錄》，是讓廣大的讀者清楚的知悉各門術數的真正面目。

我除了致力於提高術數的層次，把它交回知識分子的手中之外，還不斷努力破除各門術數的門戶之見，集各家所長，揚棄各家之短。舉例來說，紫微斗數精於運程，鐵板神數精於六親，我現時正着力的把這兩門術數融合起來，希望創出一門新的術數。我現在還不知道這門術數應如何命名，它既可如鐵板神數的考六親，也有紫微斗數的星盤，兩者並用，在鑑別一個人的出生時間是否準確特別有用。

當日席上有人提出一個問題，回家苦思多天，極可能影響我今後在術數上的路向。

當日有人問我：學術數如何才能夠學到一個較高的境界？

我的答覆是：第一除了找到好師父之外，第二是自己在略懂一二之後，不要太早自立門戶，也就是不要太早收徒和太早自許為大師。理由是如果太早收徒自認師父，那麼日後再有機會遇到高人或異人或他們的後人之時，他們肯定不敢冒昧的再傳你甚麼東西！因此，在鑽研術數上，所得的「營養」自然會較別人少了。

以我自己為例，在寫《蕉窗傳燈錄》這本書前，還是一個正式的徒弟也沒有，我過去的目標與心意如何，至此大家總得明白了吧。而我亦確是幸運，單在過去那幾年中，我就得到不少名家的手抄本，包括有紫微斗數的、鐵板神數的和玄空學的，都是屬於價值連城的無價寶。

接着有人問我，甚麼時候再把這些東西傳出去，讓它發揚光大？

這個問題我思索了一會，一時間難予答覆。但在散席後，又有聽眾之一對我說，你現在應該考慮收徒，把所得的東西再傳出去，然後在衣袋裏掏出一張名片遞給我，十分認真的對我說：「楊先生，你甚麼時候開班最緊要通知我，我會第一個報名的。」我看他的神色，確是很認真的。回家後，幾天腦海中都縈繞着：「甚麼時候把所得的東西再傳出去？」

結果，到一九九〇年至二〇〇一年間，我才分別正式的收了二十多名學生。但都是不收學費，屬亦師亦友之類的。

《蕉窗傳燈錄》至此亦告一段落，對於退休的生活，總希望程顥的《秋日偶成》可作我的寫照：

閒來無事不從容，
睡覺東窗日已紅；
萬物靜觀皆自得，

四時佳興與人同。
道通天地有形外，
思入風雲變態中；
富貴不淫貧賤樂，
男兒到此是豪雄。

後記

在二〇〇三年（癸未年）夏天時，有一天晚上與幾位前新聞界朋友晚飯，時正「沙士」肆虐，有朋友問，「沙士」這種情況在風水學上是否可以看出來？

記得當時我說，現在的「沙士」，古時應看作是瘟疫的。而有關瘟疫，風水學上是有的。如「飛星賦」中，就有「寒戶遭瘟，緣自三廉夾綠」之句。意指五黃性毒，遇震巽三四同到，則見瘟疫。以震主動，巽主風也！

當日我對在座的朋友說，立秋七月之後，「沙士」應漸退。朋友唯唯諾諾，因為他們都是不懂風水之故。

現在回頭解釋一下「寒戶遭瘟，緣自三廉夾綠」，因為無論是原註或沈瓞民所註，我認為都是未夠詳盡。

「三廉夾綠」是飛星的三四五自無可爭辯，但「寒戶」則作何解釋呢？過去有人把「寒戶」解作「貧窮人家」，我認為這是錯的！

在風水古書「飛星賦」中有這麼兩句：

「青樓染病，只因七弼同黃，寒户遭瘟，源自三廉夾綠」是很工整的六四駢體文，但此兩句，沈瓞民在註解中並不夠詳盡，以致很多後學者都有所誤解！

我反覆考證，認為「青樓」不能解作妓院，而「寒戶」亦不能解作貧窮人家，其實這兩句主要是說明坐巽向乾及坐乾向巽之屋。

巽為青，所以坐巽向乾就稱之為「青樓」，而乾為寒，所以坐乾向巽之屋就稱為「寒戶」。

因為凡坐巽向乾之屋，最易犯九七同到，此時若年星五黃飛到，那就是七弼同黃，易染性病。但染性病是因為縱慾濫交，但卻不一定要去過「妓院」才能染上的！有些人縱使沒去過妓院，但住的地方七弼同黃的話，會因濫交同樣會染上性病！

而「寒戶」不可解作貧窮人家，主要是疾病不分貧富的，絕對不會因為你富有而就不會有病，所以，與上句呼應，「寒戶」就應解作是坐乾向巽之屋，而「乾為寒」甚明矣！

二〇〇三年（癸未年）時，時值七運尾，而六運建成之「坐乾向巽」之房屋，當然是屬於「山星入囚」之屋，二〇〇三年（癸未年）時，六入中宮，是故五黃到向，向星本來是四八，已有四五同到，農曆二月時，月星四入中，則三又到向前，是為三四五同到。但我認為這仍不足為患，重要的是當年三煞在西，二黑飛坎，如這兩宮都同時動氣的話，問題就大了！

大家試回想一下，九龍較港島是否多許多乾巽向的建築物？九龍區當日「沙士」之源頭及重災區，是甚麼坐向的，大家不妨研究一下。

把「坐乾向巽」之「乾宅」解作「寒戶」，還有一個或者可以引起爭議的理由。同是「飛星賦」中，就有一句「乾為塞，坤為熱，往來切記」之句。

這句無論原註或沈瓞民所註，都未有觸及癢處，同時我認為這句原版是印錯的。因為「乾為塞」頗不可解，雖曾有人解釋但亦頗牽強。所以我認為應是「乾為寒，坤為熱」才對，天寒地熱，寒熱相對，與前句「震之聲，巽之色，向背當明」互相呼應而工整。

所以坐乾向巽之「乾宅」稱之為「寒戶」，就有很大的理由。

這是我個人的見解，或許有人並不認同，但證諸「沙士」期間，則又頗驗。

近年，不少人希望我重新註釋「玄空古義四種通釋」，但我因年邁，此事看來要由我的弟子或兒子去做了！

紫微楊 謹識

重訂於己亥年初秋吉日